U0488822

给青少年讲红色纪念馆里的故事丛书

抗日中坚：
八路军的故事

八路军太行纪念馆　编著

中原出版传媒集团
中原传媒股份公司
大象出版社
·郑州·

图书在版编目(CIP)数据

抗日中坚：八路军的故事 / 八路军太行纪念馆编著. —
郑州：大象出版社, 2024. 7
(给青少年讲红色纪念馆里的故事丛书)
ISBN 978-7-5711-2137-2

Ⅰ. ①抗…　Ⅱ. ①八…　Ⅲ. ①八路军-抗日战争-史料-青少年读物　Ⅳ. ①K265. 09

中国国家版本馆 CIP 数据核字(2024)第 046808 号

给青少年讲红色纪念馆里的故事丛书

抗日中坚：八路军的故事

KANGRI ZHONGJIAN：BALUJUN DE GUSHI

八路军太行纪念馆　编著

出 版 人　汪林中
丛书策划　董中山
项目总监　张桂枝
项目统筹　孟建华　崔　征
责任编辑　王　阳　燕　楠
责任校对　张迎娟
装帧设计　付锬锬
责任印制　张　庆

出版发行　大象出版社(郑州市郑东新区祥盛街 27 号　邮政编码 450016)
发行科　0371-63863551　总编室　0371-65597936
网　　址　www.daxiang.cn
印　　刷　河南瑞之光印刷股份有限公司
经　　销　各地新华书店经销
开　　本　720 mm×1020 mm　1/16
印　　张　13. 5
字　　数　133 千字
版　　次　2024 年 7 月第 1 版　2024 年 7 月第 1 次印刷
定　　价　39. 00 元

印厂地址　武陟县产业集聚区东区(詹店镇)泰安路与昌平路交叉口
邮政编码　454950　　　电话　0371-63956290

本书编委会

主　编

史永平

副主编

李国伟　籍俊武　田悦慧

编　者

董海鹏

我们走过的路（总序）

“什么是路？就是从没路的地方践踏出来的，从只有荆棘的地方开辟出来的。”

漫长的古代，在世界文明发展的道路上，我们曾经长期领先。到了近代，中国开始逐渐落后。鸦片战争使得“天朝上国”的旧梦彻底破灭，两千多年的封建道路再也走不下去，并随即堕入半殖民地半封建社会的深渊。

百年中国近代史，是一部屈辱史、抗争史，更是一部探索史。然而探索的道路充满血泪艰辛。北洋舰队的覆灭宣告洋务运动破产，谭嗣同的流血冲淡不了戊戌变法的败局，“城头变幻大王旗”揭示出辛亥革命的无奈……列强环伺，生灵涂炭，中国前进的道路在何方？民族复兴之路在哪里？！

历史的重担落到了中国共产党肩上。“十月革命一声炮响，给我们送来了马克思列宁主义”，经由五四新文化运动，马克思主义开始在中国广泛传播，1921 年 7 月，在上海，中国共产党正式成立——中国革命的面貌从此焕然一新！

现在我们正走在中国特色社会主义的道路上，我们的国家和民族已经站起来、富起来，正在强起来。习近平总书记强调指出：“走得再远、走到再光辉的未来，也不能忘记走过的过去，不能忘记为什么出发。”

红色纪念馆能够告诉我们来时所走过的路，告诉我们为什么要出发——她是历史的积淀，是探索的记录，是前行的坐标。红色纪念馆用大量的实物、图片、文字、音视频等，浓缩了一段段难忘岁月，展现了一个个感人场景，记录了那些让我们不能忘却也无法忘却的重大事件和重要历程，彰显着我们昂扬的民族精神，温暖着我们砥砺前行中的心灵！

青少年是祖国的未来，是担当民族复兴大任的时代新人，更需要身怀梦想，牢记初心，不忘来时的路。为此，我们编写了这套“给青少年讲红色纪念馆里的故事丛书”，希望广大青少年在前行的道路上、在人生的“拔节孕穗期”，汲取更多的营养，积蓄更多的发展力量。

希望阅读这套图书，恰似行走在研学旅行的探索之路上，红色号角在耳畔嘹亮吹响；又似畅游在革命文化大河之中，乐观向上、坚韧不拔的东风迎面扑来。首先我们来到北京新文化运动纪念馆，看一看在那个风起云涌的年代，马克思主义如何传入中国，历史为什么会选择中国共产党；接着我们来到中国共产党第一次全国代表大会纪念馆，去感受“开天辟地创伟业”的神圣时刻、重温伟大中国共产党的创建；然后我们来到南昌八一起义纪念馆，目睹人民军队的诞生、建军大业的完成；我们来到井冈山，感受“星星之火，可以燎原”的力量；我们来到瑞金，追述一段红色故都的往事；我们来到遵义，去重温伟大转折、传唱长征史诗；我们来到延安，去拥抱那段难忘的革命岁月；我们来到八路军太行纪念馆，听一听中国共产党领导人民进行伟大抗战的故事；最后，我们来到西柏坡——这个时候，新中国已如一轮红日冉冉升起！

这就是我们走过的路。

这里面蕴含着我们的道路自信、理论自信、制度自信和文化自信。今天，“我们比历史上任何时期都更接近、更有信心和能力实现中华民族伟大复兴的目标”；“我们要一棒接着一棒跑下去，每一代人都要为下一代人跑出一个好成绩”。

这是历史的使命！

丛书编委会

2024 年 1 月

写在前面的话（代序）

青少年朋友们，当你们翻开眼前这本书的时候，那些烽火连天的抗战岁月，那些壮怀激烈的战斗场面，那些感人至深的英雄故事，仿佛从太行山上吹来的风，穿越时空，拨动着我们的心弦，激扬起我们的思绪。

在 14 年反抗日本帝国主义侵略特别是 8 年全民族抗战的艰苦岁月中，中共中央北方局、八路军总部及三大主力师长期战斗在太行山上，与太行军民一道同仇敌忾、浴血奋战，筑起了抗日救国的铜墙铁壁，谱写了中华民族抗击外来侵略的光辉篇章，培育和铸就了伟大的太行精神，为中国人民抗日战争和世界反法西斯战争胜利作出了巨大牺牲和卓越贡献。

本书讲述的是抗战岁月里诞生的八路军的故事。在这里，各路英雄齐齐登场，各色故事一一陈说，既有将帅风范又有热血传奇，既有杀敌大捷又有军民鱼水情……这些故事内容全面，丰富多彩，穿缀在一起，展现出一幅幅由忠诚、信念、使命、团结交织而成的动人历史画卷，重现了八路军历经硝烟战火，一路披荆斩棘，付出巨大牺牲，取得一个又一个辉煌胜利，为党和人民建立伟大历史功勋的辉煌历程。读来使人动情，令人回味，催人深思，让人敬仰。

当然，在抗日的硝烟烽火中，这样的感人故事何止千万！八路军的历史辉煌，是鲜血和生命铸就的，永远值得我们铭记。八路军的历史经验，是艰辛探索得来的，永远需要我们弘扬。八路军的历史发展，是忠诚担当推动的，永远激励我们向前。

70 多年过去了，生活在和平年代的我们，更应该通过这些珍贵的历史记忆，了解我们党和国家事业的来龙去脉，汲取我们党和国家的历史经验，正确了解党和国家历史上的重大事件和重要人物，在学思践悟中坚定理想信念，在奋发有为中践行初心使命，做到学史明理、学史增信、学史崇德、学史力行，厚植爱党、爱国、爱社会主义的情感，让红色基因、革命薪火代代传承。

历史是最好的教科书，也是最好的清醒剂。相信这本《抗日中坚：八路军的故事》会受到广大读者尤其是青少年朋友们的喜欢，在弘扬革命传统和革命文化、加强社会主义精神文明建设、激发爱国热情、振奋民族精神方面发挥积极作用。

2024 年春于武乡

目　录

第二部分

第三部分

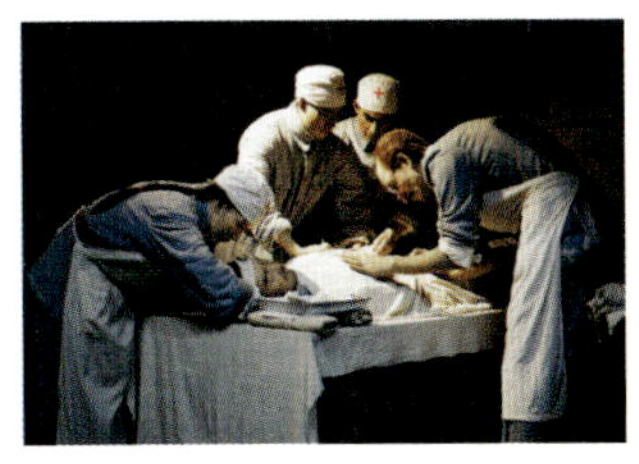

第四部分

第一部分

民族之光
中流砥柱

1937 年 7 月 7 日，日本侵略者为了达到以武力吞并全中国的罪恶野心，悍然炮轰宛平城，制造了震惊中外的卢沟桥事变。从卢沟桥事变肇始，平津危急，华北危急，中华民族危急，中华民族到了最危险的时候。

在此民族危难之际，中国共产党秉持民族大义，担负起民族救亡的历史重任，呼吁建立以国共合作为基础的抗日民族统一战线，以抵抗日寇侵略。中国工农红军主力改编为国民革命军第八路军，东渡黄河，开赴华北前线。

从宝塔山麓到黄海之滨，从长城内外到陇海沿线，英勇无畏的八路军将士在中国共产党的领导下，前仆后继、浴血鏖战，对入侵的日寇进行了持久的、顽强的、艰苦卓绝的斗争，上演了一幕幕惊心动魄的人民战争活剧，迫使日军陷入敌后抗日游击战争的汪洋大海之中，为中国人民抗日战争和世界反法西斯战争的最后胜利作出了巨大的贡献，谱写了光辉的篇章。

抗日的先锋

八路军从何而来？

揭开新篇章

1937 年 7—8 月，平津沦陷，淞沪危急，中华民族面临生死存亡之际，传出一个振奋人心的消息：集结在陕北地区的数万红军主力改编为国民革命军第八路军，并迅即出师迎敌，开赴华北抗日战场。那么，红军为什么要改编为八路军？这其中到底经历了一个怎样的过程呢？

为实现全民族抗战，中国共产党在西安事变和平解决之后，即就红军改编为国民革命军和开赴抗日前线等问题同国民党当局进行谈判。与此同时，中共中央指示红军加强军政训练，待命改编，开赴抗日前线。

1937 年 7 月 7 日卢沟桥事变爆发的第二天，即 7 月 8 日，中共中央向全国发出通电，呼吁全中国人民、政府和军队团结起来，筑成民族统一战线的坚固长城，抵抗日本的侵略。9 日，红军以彭德怀、贺龙等的名义致电国民党和南京国民政府："德怀等以抗日救国为职志，枕戈待旦，请缨杀敌，已非一日，当华北危急存亡之紧要关头……红军愿即改名为国民革命军，并请授命为抗日前驱，与日寇决一死战……"

8 月上旬，周恩来、朱德、叶剑英到南京与国民政府进行谈判，国民政府军事委员会委员长蒋介石终于接受了红军改编的条件。

8 月 22 日，国民政府军事委员会宣布将红军编入国民革命军第八路军序列，委任朱德为国民革命军第八路军总指挥，彭德怀为副总指挥。

8 月 25 日，中共中央革命军事委员会（以下简称中共中央军委）主席毛泽东，副主席朱德、周恩来发布中共中央军委关于红军改编为国民革命军第八路军的命令。红军前敌总指挥部被改为第八路总指挥部，以朱德为总指挥，彭德怀为副总指挥，叶剑英为参谋长，左权为副参谋长。红军总政治部被改为第八路政治部，以任弼时为主任，邓小平为副主任。全军下辖三个师，共约 4.6 万人。所属第一一五师由原红军第一方面军第一军团、第十五军团和陕南红军第七十四师等部编成，林彪任师长，聂荣臻任副师长，周昆为参谋长，罗荣桓为政训处主任，萧华为政训处副主任；第一二〇师由原红军第二方面军第二军团、第六军团和陕北红军第二十七军、第二十八军等部编成，贺龙任师长，萧克任副师长，周士第为参谋长，关向应为政训处主

中華軍委會命令

一九三七年八月廿五號：

南京已經開始對日抗戰國共兩黨合作初步成功為着實現共產党中央給國民党三中全會紅軍改名之保証使紅軍成為抗日民族戰爭的模範推動這一抗戰成為全民族的抗日革命戰爭以爭取最後的澈底勝利特依據共國民党及南京政治談判結果宣佈紅軍改名為國民革命軍第八路軍着將：

前總指揮部改為第八路總指揮部以朱德為總指揮彭德懷為副總指揮葉劍英為參謀長左權為副參謀長。總政治部改為第八路政治部以任弼時為主任鄧小平為副主任。

第一軍團十五軍團及七十四師合編為陸軍第一一五師以林彪為該師師長聶榮臻為副師長周昆為參謀長羅榮桓為該師政訓處主任肖華為副主任。

二方面軍二十七軍二十八軍獨立第一第二兩師及赤水警衛營前總直之一部等部合編為陸軍第一百二十師以賀龍為師長肖克為副師長周士第為參謀長關向應為政訓處主任甘泗淇為副主任。

四方面軍二十九軍三十軍陝甘寧獨立第一二三四團等部改編為陸軍第一百二十九師以劉伯承為師長徐向前為副師長倪志亮為參謀長張浩為政訓處主任宋任窮為副主任。

以上各部改編從八員委任照前總命令行之各師改編為國民革命軍後必須加強党的領導保持和發揚十年鬥爭的光榮傳統堅決執行党中央共軍委會的命令保証紅軍在改編後成為共產党的党軍為党的路線及政策而鬥爭完成中國革命之偉大使命。

中央革命軍事委員會

主席 毛澤東

副主席 朱德 周恩來

中共中央军委关于红军改编为国民革命军第八路军的命令

任，甘泗淇为政训处副主任；第一二九师由红军第四方面军第四军、第三十一军和陕北红军第二十九军、第三十军等部编成，刘伯承任师长，徐向前任副师长，倪志亮为参谋长，张浩为政训处主任，宋任穷为政训处副主任。同时，八路军在延安设立八路军后方留守处（后改称八路军留守兵团），萧劲光任主任，

国民革命军第八路
1937年8
总指挥
朱德
副总指挥
彭德怀
参谋长
叶剑英
第一一五师
师长
林彪
副师长
聂荣臻
参谋长
周昆
政训处主任
罗荣桓
政训处副主任
萧华
第三四三旅
旅长
陈光
副旅长
周建屏
参谋长
陈士榘
第三四四旅
旅长
徐海东
参谋长
陈漫远
第一二〇师
师长
贺龙
副师长
萧克
参谋长
周士第
政训处主任
关向应
第三五八旅
旅长
卢冬生
（未到职，
后张宗逊）
副旅长
李井泉
参谋长
姚喆
第三五九旅
旅长
陈伯钧
副旅长
王震
参谋长
刘子奇

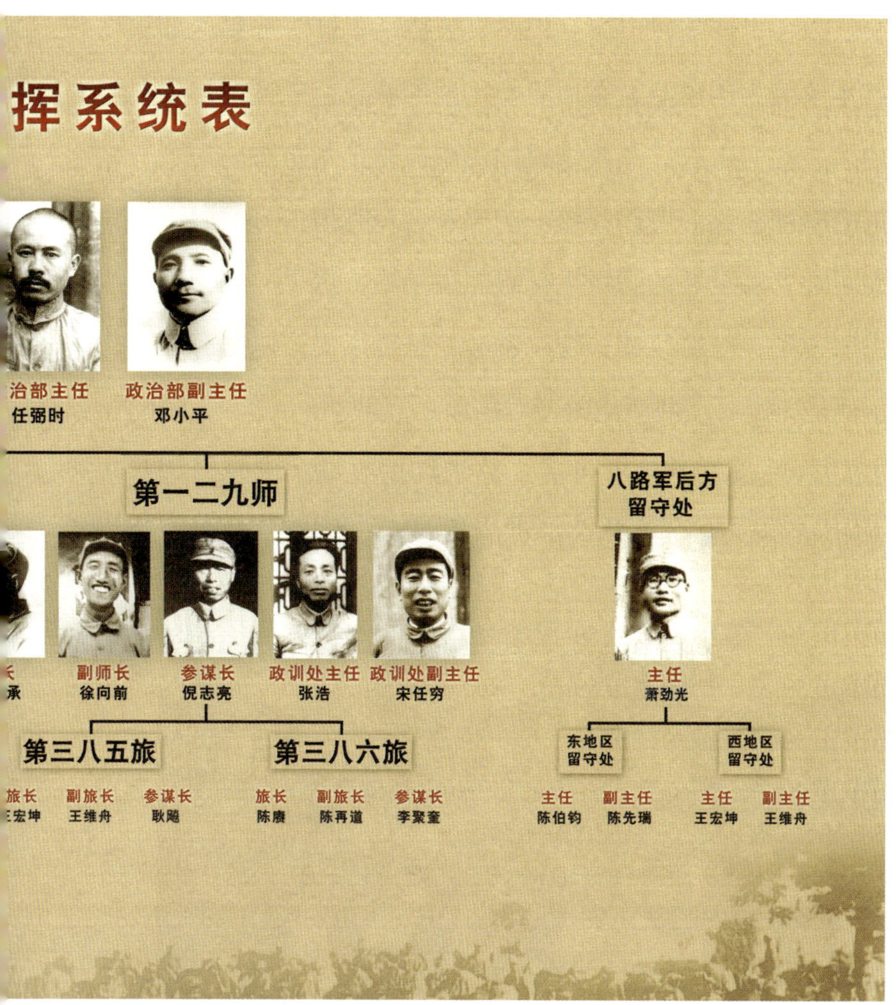

国民革命军第八路军指挥系统表

担负保卫陕甘宁边区的任务。

9 月 2 日，八路军第一二〇师在陕西省富平县庄里镇举行抗日誓师大会。朱德、任弼时出席会议并发表讲话。针对一些干部和战士把红军改编为国民革命军后思想不通的状况，朱德说：现在国共合作了，我们工农红军改编成国民革命军第八路军。为了消除各阶层的疑虑，我们可以穿统一的服装，戴青天白日帽徽，同志们思想不通，甚至有的高级干部思想也不通，这个心情我们理解。毛主席说了，红军改编，统一番号，是可以的，但是有一条不能变，就是一定要在共产党的绝对领导之下。

第一二〇师师长贺龙接着讲话：关于红军改编，朱总指挥已经给大家讲得很详细。这是党中央的决定，我们大家都要执

中共中央军委召开的红军改编动员大会

行。从大革命失败到现在，我已经闯荡了十年，跟国民党斗了十年。现在国难当头，为了国家与民族的生存，共同对付日本帝国主义，我愿带头穿国民政府发的衣服，戴青天白日帽徽，和国民党部队统一番号。这样，看起来我们的外表是白的，但我们的心却是红的，永远是红的。

9月11日，国民政府军事委员会按新的全国统一的战斗序列，将八路军番号改称国民革命军第十八集团军，总指挥部改称总司令部，正副总指挥改称正副总司令。根据国共双方达成的协议，八路军在西安、太原、兰州等地设立了办事处或通讯处。

后来，中共中央军委决定恢复因受国民党干涉而取消了的政治委员制度及师、旅政治部及团政治处的名称。任命聂荣臻为第一一五师政治委员，关向应为第一二〇师政治委员，张浩（后邓小平）为第一二九师政治委员，从而在组织上和政治思想上有效地保证了共产党对八路军的绝对领导。在实行抗日民族统一战线的复杂环境中，坚持了独立自主的原则，保持了红军的光荣传统和人民军队本色。

八路军第一一五师以第三四三旅、第三四四旅为两个梯队，先后于1937年8月22日和25日分别从陕西省泾阳县云阳镇和桥底镇出征，第一二〇师主力和第一二九师主力先后于9月3日和30日由陕西省富平县庄里镇出征，八路军总部于9月6日由陕西省泾阳县云阳镇出征，开赴华北抗日前线，从此揭开了八路军为民族独立解放而奋斗的新篇章。

八路军东渡黄河时使用的渡船（陈列于八路军抗战史陈列馆第一展厅）

《八路军进行曲》

向前，向前，向前！
我们的队伍向太阳，
脚踏着祖国的大地，
背负着民族的希望，
我们是一支不可战胜的力量。
我们是善战的队伍，
我们是人民的武装。
从无畏惧，
绝不屈服，
永远抵抗，
直把那日寇驱除国境，
自由的旗帜高高飘扬。
听，风在呼啸军号响，
抗战的歌声多嘹亮。
同志们整齐步伐奔向解放的战场，
同志们整齐步伐奔向敌人的后方。
向前，向前！
我们的队伍向太阳，
向华北的原野，
向塞外的山岗！

这首诞生在延安，响彻华北敌后抗日根据地的《八路军进行曲》，由公木作词，郑律成作曲，创作完成于1939年的秋天，后来演变为《中国人民解放军军歌》。歌曲以威武雄壮的气势、铿锵有力的进行曲风格，歌颂和塑造了八路军将士朝气蓬勃、勇往直前的革命精神和英雄形象。

钢刀插在敌胸膛

为什么开展敌后游击战争？

具有重要战略地位和作用的游击战

中国共产党领导的抗日游击战争，在抗战中占据极为重要的战略地位，发挥了极其重要的作用。抗日游击战争是在敌之深远后方独立作战，同时担负着配合正面战场友军作战、开辟敌后战场、创建抗日根据地的战略任务。

1937 年 8 月 22 日至 25 日，中共中央在陕北洛川城郊召开政治局扩大会议（即洛川会议），讨论制定实行全面持久抗战的方针，进一步明确党在抗日战争时期的任务和政策。会议确定八路军的战略方针是独立自主的山地游击战争。正如会后不久毛泽东在致彭德怀的电报中指出："今日红军在决战问题上不起任何决定作用，而有一种自己的拿手好戏，在这种拿手戏中一定能起决定作用，这就是真正独立自主的山地游击战（不是运动战）。"毛泽东在《论持久战》和《抗日游击战争的战略问题》等文章中，还特别强调了抗

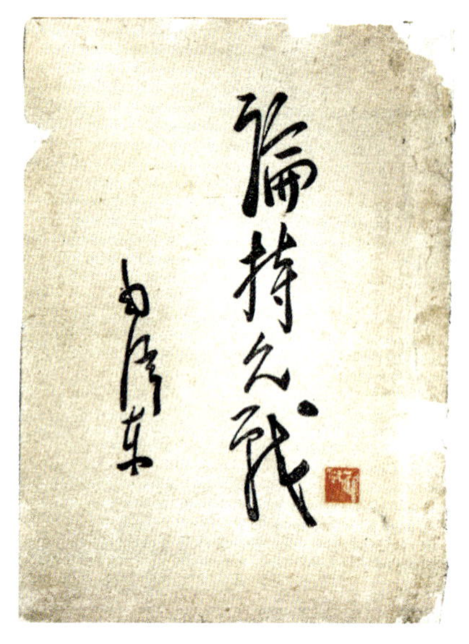

《论持久战》

《抗日游击战争的战略问题》

日战争全过程中游击战争的重要战略地位。

1937 年 11 月太原失守后，八路军根据洛川会议的决定，着重向敌后实施战略展开，发动独立自主的敌后游击战争，直到进入战略反攻阶段，逐步实现由游击战向运动战的转变。

古往今来，游击战只是对正规战争起战术配合作用，并不具有战略地位。而在中国人民抗日战争中，敌后游击战作为一种集灵活性、主动性和计划性于一体的战术，为抗击日本侵略者，开辟敌后抗日根据地，立下了汗马功劳。下面先回顾一下八路军开展敌后游击战争的条件。

首先，八路军开展敌后游击战争是创造性地继承和发扬了以往游击战的经验。在土地革命战争时期，毛泽东就提出了农村包围城市、武装夺取政权的革命道路。毛泽东、朱德又高屋建瓴地概括出游击战争的基本原则，即“敌进我退，敌驻我扰，敌疲我打，敌退我追”十六字诀。这一游击战法在红军五次反“围剿”作战以及长征中，发挥了巨大作用。

其次，敌后广大农村和小城镇是日军统治的薄弱地区，国民政府在这些地区原有的统治机构也已经瓦解，一时形成无政府状态；

抗战领袖毛泽东雕塑（陈列于八路军抗战史陈列馆第一展厅）

沦陷区的广大群众坚决要求抗日，敌后抗战有着雄厚的群众基础；敌后农村基本上自给自足的自然经济状态，成为不怕敌人严密封锁的有利条件。

还有就是抗日战争时期的华北地区，系指长城线以南、陇海路以北、黄河以东、渤海和黄海以西的广大地区。这些地区的地貌大都是以山地、丘陵为主，间或有些平原地带，也是江河湖汊纵横交错。这些自然环境的客观存在，也为八路军开展敌后游击战争提供了便利条件。

由于有这些条件，中国共产党领导的八路军进入敌后，便成为抗战的火种和骨干力量，能够动员和组织广大的群众，建立和发展抗日根据地。

在抗日战争的战略防御阶段，八路军遵照中共中央军委的指示，坚决贯彻独立自主的山地游击战方针，广泛开展敌后抗日游击战争，开辟敌后抗日根据地，沉重打击了侵华日军，取得了骄人战绩，使沦陷区大量民众得到解放，迫使敌人不得不把用于进攻的兵力调回其占领区。

八路军在敌后战场取得的一系列辉煌战果，为下一步将敌后游击战推向全华北和更广阔的全国其他地区，阻止日军进攻、减轻正面战场压力，积累了丰富而宝贵的经验。同时，经过与敌人血与火的正面交锋，八路军经受了战争的严酷考验，增强了夺取抗战胜利的信心。

抗日战争进入战略相持阶段后，敌后游击战争成为主要的抗

埋伏在青纱帐里准备出击的八路军战士

日作战形式。面对日军的疯狂进攻和国民党顽固派的经济封锁，在中国共产党的领导下，八路军在华北依靠广大群众，坚持敌后游击战争，进行艰苦的反“扫荡”、反“蚕食”斗争，牵制和抗击了大量日军，通过在华北广大地区内无数次战斗对日军进行袭击，逐步歼灭日军的有生力量，迫使日本侵略者陷入人民战争的汪洋大海之中。

毛泽东题词：坚持游击战争

中国共产党领导开辟的敌后战场和国民党指挥的正面战场协力合作，形成了共同抗击日本侵略者的战略局面。八路军等抗日武装力量在敌后战场的英勇作战，牵制、消灭了大量日军，成为坚持持久抗战的重要因素，也为赢得整个抗日战争和世界反法西斯战争的胜利作出了重要贡献。

《游击队歌》

我们都是神枪手，每一颗子弹消灭一个敌人；
我们都是飞行军，哪怕那山高水又深。
在密密的树林里，到处都安排同志们的宿营地；
在高高的山岗上，有我们无数的好兄弟。
没有吃，没有穿，自有那敌人送上前；
没有枪，没有炮，敌人给我们造。
我们生长在这里，每一寸土地都是我们自己的，
无论谁要强占去，我们就和他拼到底！
……

《游击队歌》是由著名作曲家贺绿汀 1937 年创作的。歌曲生动地刻画了游击队战士在敌后艰苦环境中的革命乐观主义精神，刻画了机智、灵活、勇敢、顽强的游击队群体英雄形象，深刻地反映了抗日战争时期中国人民反击日本侵略者的坚强决心。

我们是人民的子弟兵

八路军是如何发展壮大的？

兵民是胜利之本

全民族抗战初期，《大公报》刊发的一篇题为《有问题的战场》的战地报道指出，没有民众的军队准打败仗，没有民众的战场只能放弃。华北敌后游击战争的蓬勃兴起以及八路军的发展壮大，国民党华北正面战场迅速瓦解并难以坚持，都充分证明了这个道理。

全民族抗战一开始，中国共产党就坚决主张实行全体人民参加战争、支援战争的全面抗战路线，反对单纯依靠政府和军队抗战的片面抗战路线。毛泽东在《论持久战》中指出："战争的伟力之最深厚的根源，存在于民众之中。"只有动员、组织和武装起来的民众，才是抗日武装力量赖以生存、发展的基础和靠山，只有抗日武装力量和抗日民众的紧密结合，才是战胜强敌的根本条件。

最初，八路军开赴前线的三个师只有几万人，且武器装备极为落后，广大群众基本尚未开始发动与组织。因此，中共中央在部署八路军三师主力分兵挺进华北伊始，就高度重视八路军自身和抗日力量的发展壮大，反复强调要“放手发动人民”，“筹集军饷，实行自给，扩大部队”，并要求以“组织民众武装为第一义”。

八路军各部在开辟抗日根据地的过程中，先后派出大批工作团、队，与地方各级党组织、抗日群众团体紧密配合，创造性地运用与采取多种行之有效的宣传形式和政治、经济措施，展开更广泛、深入的动员，组织民众工作，很快在敌后掀起了群众性参加八路军、组织游击队和自卫队的浪潮。

八路军部队住进民房，每天都把驻地群众的水缸挑满

根据地青壮年积极参军

工人、农民、青年知识分子争先恐后地参加八路军。其中，山西太原成成中学的师生整体参加和组成抗日游击队，五台山400多名僧人成立抗日自卫队、60人参加八路军。在敌后，几乎每一个城镇和乡村都出现了“母亲叫儿打东洋，妻子送郎上战场”的动人画面。

1938年2月，毛泽东在接受美国合众社记者的采访时就明确指出：八路军在晋察冀、晋冀豫、晋西北、晋西南四个地区进行广大的游击战并取得很多胜利，一个重要原因就是这些地区拥有数千万坚决抗日的民众，他们都与军队密切结合着，而军队也都与地方人民有密切的联系。他据此满怀信心地强调，我们只要到处采取这种办法，敌人是无法灭亡中国的。这是将来举行反攻收复失地的有力基础之一。

到 1938 年年初，短短几个月时间，八路军三个师主力就发展壮大起来。与此同时，各地抗日力量也得到了迅猛发展。像山西各县几乎都成立了少则一二百人，多则逾千人的抗日游击队。到 1938 年 3 月，在晋西北，八路军除了组建基干游击队，还在县、区成立地方游击队，在乡村成立自卫队。这些抗日力量，既是当地开展抗日游击战、保乡卫土的骨干力量，又是八路军主力部队的主要兵源和后备力量。

“八路军的故乡，子弟兵的摇篮”，曾任晋冀鲁豫边区政府副

抗日根据地人民群众给八路军抗日军属挂光荣匾

主席戎子和的这句话，生动准确地反映了当时包括山西在内的华北各地区人民踊跃参军抗日的真实情况，以及八路军各部的迅速壮大和华北各地抗日力量的迅猛发展。

在整个抗日战争期间，广大的人民群众踊跃参军、参战，支援前线，全力投入抗日战争。成千上万的青壮年涌入了抗日部队，补充了部队的兵员，壮大了八路军的力量。八路军由全民族抗战爆发时的约 4.6 万人发展到抗战胜利时的 102 万人，其中，晋察冀部队以第一一五师入晋“分兵”留下的 3 000 余人为基础发展到 32 万人，晋绥部队以第一二〇师入晋时的 8 000 余人为基础发

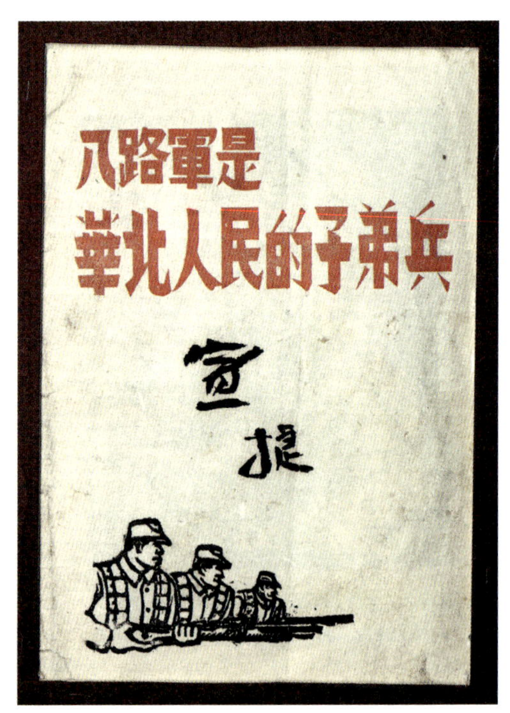

抗战刊物《八路军是华北人民的子弟兵》

人民武装自卫队

展到 8.5 万人，晋冀鲁豫部队以第一二九师入晋时的 9 000 余人为基础发展到 30 万人。

同时，各地抗日力量也有了迅猛发展，一大批青壮年脱离了生产，参加县、区基干队。不脱产的民兵队伍更是普遍发展，晋察冀抗日根据地的民兵达到 63 万人，晋冀鲁豫抗日根据地的民兵达到 40 万人，晋西北抗日的民兵有 10 万人。

而且，经过动员的广大人民群众积极支援前线，不但源源不断供应战争需要的粮食、被服及其他军需物品，解决了八路军指战员和根据地党政机关干部的吃、穿、用等问题，还担负了繁重的战勤任务，如抬担架、运物资、抢救伤员、看护病员等工作，以无私奉献的情怀，竭尽全力提供了兵源、人力、物力、财力的支援，为夺取抗战胜利作出了突出贡献。

所以，敌后抗日根据地之所以成功建立，独立自主的山地游击战争之所以最先广泛而胜利地开展，正是源于八路军坚决贯彻执行全民族的抗战路线，源于对人民群众的深入动员、广泛组织和他们的大力支持与配合。在敌后战场，一支不断壮大、能够担当和完成抗日战略任务的武装力量逐渐形成。

烽火燎原

什么是八路军的三次战略展开？

立足山西，走向华北

全民族抗战爆发后，中共中央军委部署八路军以山西为战略支点，胜利地进行了三次战略展开。第一一五师一部依托五台山、吕梁山分别建立了晋东北、晋西南的战略支点，第一二〇师以管涔山为依托建立了晋西北的战略支点，第一二九师依托太行山建立了晋东南的战略支点。三军主力向晋察冀、晋绥、晋冀豫边区分区创建敌后抗日根据地，使抗日游击战争的烽火由山西向华北各地延伸，形成了燎原之势。

全民族抗战初期，中共中央军委审时度势，先后命令挺进华北的八路军实行三次战略展开，使得八路军深入敌后，发动和组织群众，建立抗日根据地，在华北开展敌后游击战争，为坚持持久抗战奠定了坚实的基础。

第一次战略展开，使得八路军分散部署到有利的战略区域，为后期的战略展开奠定了基础。

1937 年 10 月，第一一五师政治委员聂荣臻率领约 3 000 人的兵力，分兵展开于晋东北、察南（察哈尔省南部地区，今分属河北、内蒙古）和冀西等区域，在晋东北广泛开展游击战争。1937 年 11 月 7 日建立了由聂荣臻任司令员兼政治委员的晋察冀军区，并成立了四个军分区。到 1938 年年初，以五台山为中心的晋察冀抗日根据地拓展到包括约 40 个县、1 200 万人口的广大地区。

在太原失守后，第一一五师主力由正太铁路南进，逐步转向吕梁山脉。1938 年 2 月初到 3 月底，第一一五师师部率第三四三旅先后深入汾（阳）离（石）公路以南、同蒲铁路以西的晋西南各县，广泛开展游击战争，开创了晋西南抗日斗争的新局面。

贺龙率领第一二〇师主力开赴晋西北，与先期挺进的宋时轮支队相呼应，第三五九旅展开于雁门关、崞县（今原平市）、忻县（今

八路军第一二〇师向敌后挺进

八路军第一二九师部队行进在晋东南

忻州市）以西地区，第三五八旅展开于忻县、太原以西，交城以北地区。从此，第一二〇师在同蒲铁路以西，北起左云、右玉、清水河，南至汾（阳）离（石）公路的广大地区，全面展开了创建抗日根据地的斗争。至 1938 年年初，以管涔山为依托的晋西北抗日根据地初步形成。

第一二九师进入正太铁路以南后，逐步完成战略展开，创建以太行、太岳山脉为依托的晋冀豫抗日根据地。根据计划部署，第一二九师一面以主力一部分别进至平汉铁路以西、正太铁路以南、同蒲铁路以东开展游击战争，打击南犯的敌人，掩护地方工作的开展，一面抽调大批干部和三分之二以上的兵力，以营或连为单位组成工作团和游击支队，分散到晋冀豫广大地区开辟抗日根据地。到 1938 年 2 月，以太行山为依托的晋冀豫抗日根据地初步形成。

对内，这四块抗日根据地相互联系，彼此策应，“使敌虽深入山西，还处在我们游击战争的四面包围中”；对外，依托山西扩展华北。

1938 年 4 月 21 日，毛泽东等同志发出关于开展平原抗日游击战争的指示，八路军随即抽调主力，向冀鲁边平原实施战略展开，进一步发展抗日游击战争，扩大与巩固抗日根据地，这是八路军的第二次战略展开。

1938 年 4 月下旬，第一二九师副师长徐向前率部东出太行，由晋南挺进冀南，与先期到达冀南的东进纵队和骑兵团等部会合，将抗日游击战争的烽火烧到冀南和冀鲁边平原。第一二〇师雁北支队从雁北（山西省雁门关以北的地区）出发，与晋察冀军区一部向东挺进燕山山脉，点燃了冀东地区抗日游击战争的烽火。第一二〇师大青山支队从雁北挺进绥远（旧省名，今属内蒙古），点燃了大青山地区抗日游击战争的烽火。第一一五师、第一二九师各一部从冀南挺进鲁西北，点燃了冀鲁边平原抗日游击战争的烽火。

这次战略展开，使抗日游击战争的烽火突破了山区的范围，推向了广阔的华北平原，实现了在山西四角建立山区抗日根据地，使之和新开辟的地区连接起来，为八路军主力深入平原开展游击

中共中央六届六中全会旧址延安桥儿沟天主教堂

战争创造了有利条件。

1938年秋，中共中央六届六中全会召开，制定了“巩固华北，发展华中、华南”的战略方针。据此，八路军于1938年12月至1939年1月再一次实行分兵，实施了第三次战略展开。

第一二〇师师长贺龙、政治委员关向应，率部从晋西北出发，开赴冀中；第一二九师师长刘伯承、政治委员邓小平率部从晋东南出发开赴冀南；第一一五师第三四四旅一部从晋西出发，挺进山东微山湖地区，代师长陈光、政治委员罗荣桓率师部及第三四三旅从晋西出发，先后开赴鲁西、泰（山）西及鲁南地区。他们协同当地的地方党委和抗日政权开展统一战线工作，发动和

八路军第一二九师一部在冀南平原开展游击战争

武装群众，开展抗日游击战争。

这次战略展开后，八路军各师主力挺进冀鲁平原地区，巩固和扩大平原抗日根据地，加强了当地抗日力量，发展壮大了主力部队。从此，敌后抗日游击战争的烽火燃遍华北大地，“军民一致复华北，铁腕齐挥歼海鳌”。

不朽的丰碑

八路军到底消灭了多少敌人？

伟大贡献　光耀千秋

中国抗日战争是世界反法西斯战争的重要组成部分，是“战争史上的奇观，中华民族的壮举，惊天动地的伟业”，在整个中国革命历史上具有十分重要的意义。八路军是抗日战争中的重要力量，在中国共产党的领导下，为夺取抗日战争的最后胜利和中华民族的彻底解放，作出了不可磨灭的巨大历史贡献。

八路军自 1937 年 8 月下旬出师华北至 1937 年 11 月 8 日太原失陷期间，在敌后和敌侧翼广泛开展游击战和有利条件下的运动战，用袭击、伏击等作战手段，不断地打击日军，有力地配合了国民党军作战，取得了平型关、雁门关、阳明堡、七亘村、广阳等战役战斗的胜利。

从 1937 年 9 月至 1940 年 5 月，八路军进行大小战斗 9 625 次，毙伤日军官兵 129 445 人、伪军官兵 42 609 人；俘虏日军官兵

1 198 人、伪军官兵 24 953 人；日军投诚 19 人，伪军反正 28 481 人。在取得辉煌战绩的同时，八路军官兵牺牲 36 492 名，官兵负伤 71 313 名。

1940 年秋，在八路军总部统一指挥下，晋察冀军区、第一二〇师、第一二九师和总部直属部队，共 105 个团，在大量地方游击队和民兵的配合下，在华北发动了以破袭敌占正太铁路及沿线据点为重点的带战略性的大规模进攻战役。这就是震惊中外的百团大战。百团大战从 1940 年 8 月 20 日开始至 1941 年 1 月 24 日结束。到 1940 年 12 月 5 日，八路军共进行大小战斗 1 824 次，毙伤日军 20 645 人、伪军 5 155 人，俘虏日军 281 人、伪军 18 407 人；破坏铁路 474 公里、公路 1 502 公里，攻克据点 2 993

群众热烈欢迎参加百团大战胜利归来的八路军将士

处；缴获各种枪 5 942 支（挺）、各种火炮 53 门和一批军用物资。

百团大战，破袭华北的大量铁路和公路，拔除日伪军的大批据点，沉重打击了日军的“囚笼”政策，巩固了华北抗日根据地；牵制和消耗了日军兵力，减轻了国民党军队正面战场的压力，有力地策应了正面战场的作战，抑制了国民党顽固派的投降逆流。

1941 年至 1943 年春夏之交，八路军和华北抗日根据地面临着严重困难。这一阶段，侵华日军集中主力对付八路军，以八路军总部和各大战略区领导机关及主力部队为重点，进行梳篦式、拉网式、车轮式和铁滚式大“扫荡”，一次“扫荡”的时间甚至长达两个多月，兵力多达 7 万余人。同时在根据地实行残酷的杀光、抢光、烧光的“三光”政策，企图彻底摧毁抗日根据地军民赖以生存的条件。为扭转这种局面，八路军紧紧依靠华北各抗日根据地的人民群众，坚决贯彻党的方针政策，以军事斗争为中心，发挥党政的整体力量，形成对敌斗争的合力，粉碎了敌人的一次次“扫荡”。其中，1941 年至 1942 年，八路军粉碎日伪军 1 万至 7 万人的“扫荡”达 24 次，同时打击了日伪军的“蚕食”活动和“强化治安运动”，开展了整风运动和大生产运动，站稳了脚跟，巩固了华北抗日根据地。

1941 年 6 月至 1942 年 5 月，八路军对日作战次数达 12 221 次，毙伤日军 50 306 人、伪军 33 526 人，俘虏日军 284 人、伪军 17 914 人，投诚和反正的日军 16 人、伪军 4 306 人。1942 年 6 月至 1943 年 5 月，八路军对日作战次数 22 735 次，毙伤日军 55 637 人、伪军 62 405

人，俘虏日军 296 人、伪军 31 161 人，投诚和反正的日军 23 人、伪军 4 728 人。

1943 年夏秋之交至 1945 年 9 月，是八路军开始局部战略反攻和全面反攻阶段。从 1944 年春至 1945 年夏，持续向日伪军进行攻势作战。

1944 年攻势作战中，八路军各部队积极主动向敌发起攻势作战，打击和牵制日伪军，扩大抗日根据地，发展壮大我军力量，为进行大规模攻势作战和战略反攻作准备。如山东军区部队歼灭日军 4 800 余人、伪军 5.4 万余人，收复县城 9 座，解放国土 4 万余平方公里、人口 930 余万。

1945 年春、夏攻势作战中，八路军各部队在华北各解放区人民的支援下，遵循毛泽东提出的“扩大解放区，缩小沦陷区”的

向八路军投降的日本士兵

油画《收复山海关》（陈列于八路军抗战史陈列馆第六展厅）

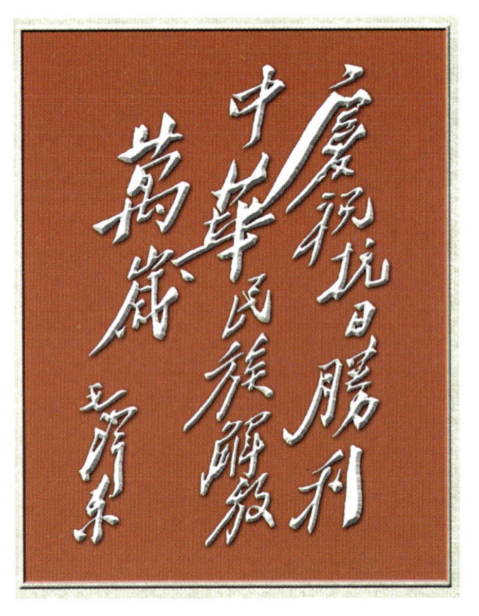

毛泽东题词

方针，歼灭敌人 12.5 万余人，恢复县城 59 座，扩大抗日根据地 14.8 万余平方公里，有力地推动着由局部反攻到全面反攻的胜利。

八路军战略大反攻始于 1945 年 8 月，至 10 月 10 日基本结束，持续了两个多月的时间。在此期间，共歼灭日伪军 20.1 万余人，收复县城 200 余座，使华北和东北的大片国土获得解放。

全民族抗战时期，八路军抗击了侵华日军三分之一的兵力，同日伪军作战约 10 万次，消灭日伪军 125 万余人，缴获长短枪 45 万余支、轻重机枪 7 400 余挺、各种炮 1 280 门。八路军伤亡 34 万余名指战员。

这些用鲜血和生命写出来的光辉史绩，充分表明了中国共产党领导的八路军为抗日战争付出的巨大牺牲和作出的重大贡献，以及对世界反法西斯战争作出的重要贡献。

第二部分

英勇奋战
不朽功勋

在中国共产党的领导下，八路军一方面通过平型关大捷、阳明堡战斗、七亘村战斗、神头岭伏击战、黄土岭战斗、百团大战等，消灭日军；另一方面通过人民战争，创造了麻雀战、地雷战、地道战、破袭战、水上游击战等战法，持续不断地消灭日军、消耗日军、袭扰日军、疲惫日军，集小胜为大胜，使日寇陷入人民战争的汪洋大海之中，有力地支援了正面战场作战。

八路军通过向敌占区勇敢进军，浴血奋战，从敌人手中收复大片国土，解放大批群众，消灭和牵制大量日军，建立了晋察冀、晋冀鲁豫、晋绥、山东等抗日根据地，成为中国抗日战争的主要战场之一，对坚持全国持久抗战发挥了极其重要的作用。

中国共产党领导的八路军、新四军和其他抗日武装力量，与正面战场作战的国民党军协力合作，将日本陆军主力死死牵制在中国战场，有力地支援了盟军在反法西斯战场的作战，有力地推进了世界反法西斯战争的胜利进程。

首战平型关

打破日军“不可战胜”的神话

威名天下扬

平型关大捷是全民族抗战爆发后中国军队主动对日作战取得的第一个重大胜利，粉碎了日军“不可战胜”的神话，极大地振奋了全国军民的抗战信心，提高了中国共产党和八路军的声望，使许多人由此相信中国共产党不但坚决抗日，并且是有能力战胜敌人的。

平型关在今灵丘县与繁峙县交界的古长城上，古称“瓶形寨”，因周围地形如瓶而得名，后改今名。它东连紫荆关，西接雁门关，地势极险，是河北平原北部通往山西的最便捷通道。平型关虽为古关要隘，然其名扬天下却是因为 1937 年 9 月发生在这里的一场恶仗。

1937 年 9 月 19 日至 22 日，八路军第一一五师在师长林彪、副师长聂荣臻的率领下，向晋东北挺进，协作友军坚守长城防线。9 月 22 日，日军第五师团一部向平型关方向进犯。23 日，八路军总部命令第一一五师立即赴平型关、灵丘间相机侧击进攻来犯之敌。

接到总部的命令后，师长林彪马上召集司令部人员研究敌情，制订作战计划。从平型关山口到灵丘县东河南镇的道路，是一条由东北向西南伸展的狭窄沟道，也是地势最为险要的一段，沟深数十丈，道宽不过三五米，仅容一辆卡车通过。路北侧崖高数丈，陡峭如削，极难攀登，路南侧山低坡缓，杂草丛生，便于隐蔽，是伏击敌人的理想战场。第一一五师指战员经过讨论，决定抓住日军骄横、疏于戒备的弱点，利用平型关东北的有利地形，出其不意，以伏击手段将由灵丘向平型关进攻的日军歼灭在峡谷之中。

9 月 23 日，第一一五师在上寨村的一个农家小院里召开了战斗动员大会。会议宣布了作战部署，决定由第三四三旅第六八五团、第六八六团和第三四四旅第六八七团在平型关东侧约 5 公里长的峡谷山道，分段伏击歼灭日军，第六八八团作为师预备队。师独立团和骑兵营来负责阻击广灵、涞源方向的增援日军。

接着，聂荣臻进行战前动员。他说：同志们，这一仗必须打好，必须打胜，打败了或者打个平手都不行！在“恐日病”和“亡国论”到处流行的时候，党中央和全国人民都在盼望着八路军出师后的第一个捷报。中华民族正在经历着巨大的考验，我们共产党人一定要担当起救国救民的重任！

向平型关挺进的八路军第一一五师

9 月 24 日午夜，少雨的晋东北突然下起暴雨，第一一五师主力冒雨向设伏地区开进。晋东北山区的秋天原本就寒意阵阵，又遇上暴雨天气，冷风吹来，八路军战士们浑身冰凉，冻得直打哆嗦，许多人的牙齿碰得“咯咯”直响。但是他们情绪激奋万分，早已忘记了疲劳，忘记了寒冷，始终向前奔进。此刻，他们的心里只有一个念头，就是尽快赶往阵地，消灭敌人！

经过一夜急行军，9 月 25 日晨，第一一五师主力部队进入预定地域。

雨过天晴，曙色初露。林彪和聂荣臻登上平型关东侧一个山头查看情况。两人举着望远镜，观察着那条狭窄的长沟，两侧的山崖上也只有凋零的树木和枯黄的草丛。再看埋伏着的官兵，连一点踪迹也难以发现，完全和山峦草木融为一体。

一夜秋雨秋风过后，山野显得格外平静。战士们在野草中静卧着，像猎人在等待猎物。时间好像过得很慢，每一秒钟都是那么难熬。25 日晨 7 时许，从灵丘城开来的日军第五师团第二十一旅团主力和师团辎重部队进入伏击区域，只见 100 多辆汽车满载着日本士兵和辎重物资走在前面，200 多辆骡马

平型关战役战斗最激烈的地点——乔沟

大车紧随其后。山沟里，马达声、马蹄声响成一片。车马连成一线，把整个沟底塞得满满的。当日军进入伏击圈时，3 发信号弹腾空而起。第一一五师各团同时向日军发动猛烈攻击，步枪、机枪“哒哒哒”吼叫起来，手榴弹、迫击炮响成一片。整个山沟里硝烟腾空，尘土弥漫，山道上的日军车撞车、人挤人，马嘶鸣，人号叫，乱作一团。

惊慌失措的日军士兵纷纷跳车，藏在车厢底下，利用汽车作掩护，拼命抵抗。从慌乱中回过神的日军，开始抢占公路右侧的制高点。

随着冲锋号声响起，“冲啊！”“杀啊！”八路军指战员端起步枪、举起大刀，冲向公路，冲进敌群，与敌人厮杀在一起，顿时杀声震天。一场惊心动魄、你死我活的肉搏战开始了。

日军试图攻占老爷庙这个制高点，向老爷庙发起十几次猛攻，企图突围。十几个回合过去了，高地依然掌握在八路军手中。战斗十分惨烈，八路军战士无比英勇，敌人攻上来就拼刺刀，刺刀折断了就

八路军小百科

聂荣臻追忆平型关大捷

1985 年，86 岁高龄的聂荣臻回忆起平型关大捷，仍感慨不已，并欣然赋诗《忆平型关大捷》：

集师上寨运良筹，
敢举烽烟解国忧。
潇潇夜雨洗兵马，
殷殷热血固金瓯。
东渡黄河第一战，
威扫敌倭青史流。
常抚皓首忆旧事，
夜眺雁北几春秋。

平型关战役结束后战士们凯旋

用枪托砸，最后干脆用树枝和石块，双方抱在一起，拳击牙咬，不到最后一刻绝不松手。

经过几个小时的血战，沟底的敌人全部被消灭，十多公里长的山沟里，到处是日军的尸体和被击毁的汽车，最终八路军取得平型关伏击战的完全胜利。

这场战役歼敌 1 000 余人，击毁汽车 100 余辆、马车 200 余辆，缴获九二式步兵炮 1 门、步枪 1 000 余支、机枪 20 余挺、掷弹筒 20 余个、日币 30 余万元，以及大量的军用物资。

平型关大捷的喜讯在当晚通过无线电波传出后，震惊中外，举国欢腾，国内外媒体争先报道八路军胜利的消息。八路军以血肉之躯，粉碎了日军“不可战胜”的神话，打出了中华民族的志气，打出了中国共产党和八路军的声威。

首战平型关，威名天下扬！

平型关大捷纪念碑

夜袭阳明堡

创下“步兵打飞机”的奇迹

小米加步枪创造的奇迹

奇迹一般是常人难以创造的，在抗日战争中，八路军和日军的装备有着天壤之别，一个是“小米加步枪”，一个是精良的机械化装备，但在阳明堡却出现了“步兵打飞机”的奇迹。

1937年10月上旬，侵华日军突破晋北防线后，以重兵压进之势继续南犯，保卫太原的忻口会战打响了。为了策应友军作战，八路军第一二九师第三八五旅第七六九团奉师长刘伯承之命，急速前往代县、崞县以东地区，从侧面打击南犯之敌。

10月16日，团长陈锡联率部队进抵代县以南的苏龙口村一带。苏龙口，是滹沱河东岸一个村庄，有200多户人家，顺河南下就是忻口。当时忻口会战已经开始，日军飞机接二连三地“轰轰”飞过，嚣张到极点。陈锡联从敌机的活动规律判断，机场可能离这儿不远。他们找老乡打听。果然，经当地老乡证实，隔河十来里外的阳明堡有敌人的一个简易机场。面对千载难逢的机会，陈锡联决定端掉敌人的机场。

第二天，他换上便装带着几个营长去附近察看。刚爬上滹沱河边的一个山头，突然有人叫道："快看，飞机！"大家举起望远镜，顺着他手指的方向望去，只见一群灰白色的飞机整整齐齐地排在河对岸的空地上。

在返回的路上，他们碰见从机场逃出来的老乡。根据老乡的介绍和侦察，他们终于摸清了机场内外的情况：机场位于阳明堡镇南侧五里处，飞机成三列停放，每列 8 架，共有 24 架。它们白天起飞到忻口、太原轰炸，晚上全部返回这里。负责守卫的日军大部分住在阳明堡，机场里只有小股守卫部队。如果出其不意，给它以突然袭击，胜利是有把握的。

回到团里，陈锡联马上和指挥人员制订作战方案：第三营袭击机场，第一营、第二营阻击崞县、阳明堡来援之敌，团迫击炮连和机枪连支援第三营战斗。

担任主攻任务的第三营是一支有着光荣历史的英雄部队，在红军长征时期就被授予"以一胜百"锦旗。营长赵崇德年轻有为、经验丰富，打起仗来英勇无比。

10 月 19 日午夜，第七六九团各部分别向预定地区开进。按照要求，指战员一律轻装上阵，棉衣、背包都放在驻地，刺刀、铁锹、手榴弹等凡是容易发出声响的东西都用绳子捆紧。趁着夜色掩护，整个队伍静静地在漆黑的山路上急速前进。

赵崇德率领第三营的战士们越过敌人道道防线，悄无声息地摸进机场。随后，部队依次展开：第十连从机场西南突击，歼灭机场警卫部队；第十一连由机场东侧发动攻击，执行摧毁敌机任务；第十二连为预备队，负责支援和接应。

就在这时，一个敌兵哇啦哇啦地叫起来，紧接着响起了一串枪声。原来第十连与敌哨兵遭遇了。就在这一瞬间，“打！”赵营长大吼一声，第十连、第十一连同时开火，顷刻间整个机场枪声大作。敌人发现有人袭击飞机场，立即冲杀出来，但遭到第十连战士的顽强阻击。

与此同时，第十一连的战士们正在与机舱里执勤的日军交火，战斗进行得十分激烈。营长赵崇德一马当先冲在前面，一边与敌人拼杀，一边命令战士们：“同志们，快往飞机肚子里扔手榴弹！炸它个稀巴烂！”战士们赶紧将一捆捆手榴弹扔进机舱里，“轰隆！轰隆！……”随着一阵阵震耳欲聋的爆炸声，一架架飞机开始燃烧起来。战士们愈战愈勇，边打边喊：“这一架算我的！”“我再报销它一架！”不一会儿，火乘风势，风助火威，熊熊的烈火卷着滚滚浓烟，整个机场很快变成了一片火海。

火光映照下，赵崇德发现还有几架飞机没被炸掉，于是带领战士们冲过去。突然，一颗冷弹击中了他的胸部，通讯员赶紧背起他往后撤。此刻赵崇德心中依然想着敌机，他用尽力气喊道：“不要管我，去炸，去……”凶恶的敌人又打来一梭子子弹，赵崇德和通讯员身中数弹，倒在地上。“为赵营长报仇！”战士满

木刻版画《火烧阳明堡飞机场》

油画《夜袭阳明堡》（陈列于八路军抗战史陈列馆第一展厅）

怀悲愤，抓起手榴弹向敌机冲去。有的战士甚至把成捆的手榴弹绑在自己身上，跳进机舱，拉燃导火索，与敌机同归于尽……

阳明堡一战，八路军以伤亡 30 余人的代价，毁伤敌机 24 架，毙敌 100 余人，创造了八路军“步兵打飞机”的光辉战例。

八路军小百科

赵崇德营长的三块银元

1937 年 10 月 20 日早晨，忻口阵地上空日军飞机突然销声匿迹。当听说是八路军袭击了日军机场，中国守军阵地顿时一阵欢呼：“中华民族万岁！”然而，令人惋惜的是，担任主攻任务的第三营营长赵崇德最终牺牲了，但是他纯洁高尚的革命精神却始终为后人传颂。

经常挂在赵崇德嘴边的一句话是：“说我无能可以，可别说我怕死！”当时，得知自己的队伍要去端日军的机场，赵崇德把仅有的三块银元交给了副团长汪乃贵，说：“要是我阵亡了，不要让敌人得了，这就算我交的党费吧。”他的举动感染了所有在场的人，战士们齐声高呼：“营长的决心就是我们的决心！”

1940 年，彭德怀在回忆录里称赞赵崇德：“忠肝赤胆，与日月争光。”

显威黄土岭

“名将之花”命丧太行山

八路军击毙日军中将

在黄土岭战斗中，日军中将阿部规秀被击毙，“名将之花”凋谢在太行山上。阿部规秀是八路军在抗日战场上击毙的日军最高将领，这次战斗是继平型关大捷之后取得的又一次重大胜利，在日本朝野引起巨大震动，极大地振奋和鼓舞了中国军民的抗日信心。

1939 年夏，日军对晋察冀抗日根据地展开大规模“扫荡”。11 月初，驻张家口的日军独立混成第二旅团所属约 1 500 人，加上一批伪军，分乘 90 多辆卡车急驰涞源，计划分三路对晋察冀军区第一军分区进行“扫荡”。

晋察冀军区第一军分区司令杨成武获悉敌人的作战行动后，立即向晋察冀军区聂荣臻司令员、中共晋察冀分局彭真书记和第一二〇师师长贺龙、政治委员关向应等几位首长汇报，获得批准后，杨成武迅速考察地形，准备战斗部署。决定在涞源至银坊之间的雁宿崖地区设伏，打击来犯之敌。他当时并不知道，率领日军前来的指挥官，是日本军界享有盛誉的“名将之花”，是擅长运用“新战术”的“山地战专家”阿部规秀中将。

11 月 3 日晨，东路之敌在游击队的诱击之下，进入八路军在雁宿崖设伏的包围圈。霎时间，八路军战士如天兵天将，突然从东、西两侧漫山遍野压下来，手榴弹的爆炸声、战士们的喊杀声震撼着整个山谷。敌人遭到突然袭击，顿时乱了方寸，激战至下午 4 时，500 多名日军中除被生俘 13 名，其余全部被歼。至于其他两路敌人，慑于八路军威力，连夜撤退。

雁宿崖歼灭战沉重地打击了日军的嚣张气焰。为了洗刷战败的“耻辱”，阿部规秀率领大队人马浩浩荡荡向根据地杀来。

杨成武获悉敌人前来报复的情报，他认为银坊镇以东至黄土岭一带，山谷狭长，山岭陡峭，如果在两侧伏兵，再以火力封锁两端出口，敌人必然插翅难逃，遂决定以部分兵力诱敌深入，而后集中兵力，再予敌以打击。

11 月 5 日，敌人进至雁宿崖一带，未发现八路军，便继续向白石口方向东进，然后才与杨成武派出的小股部队接上火。八路军部队边战边退，将敌诱至银坊镇。日军恼羞成怒继续追着，本以为这里有八路军主力部队，结果银坊镇空空如也，丧心病狂的阿部规秀一把火烧了银坊镇。

11 月 6 日，两次扑空的日军急不可耐，倾师东奔黄土岭，寻找八路军主力作战。当晚，敌军抵达黄土岭、上庄子一线宿营。杨成武指挥部队乘夜展开行动，在敌人毫无察觉的情况下，完成了对敌人的包围。

11 月 7 日，一场惊天地泣鬼神的战斗在黄土岭打响，使这个普普通通的地方一时名闻天下。当日上午，敌军主力由黄土岭出发，沿着山谷向东移动。下午 3 时左右，敌军陆续进入黄土岭以东峡谷后，杨成武命令部队发起进攻，第一团和第二十五团一部从敌当面迎头阻击，第二团、第三团从西、北、南三面合击，将敌人四面围住。日军遭到突然袭击后，就像受伤的野兽那样拼命挣扎，企图冲出包围圈。于是，双方展开了激烈的山地争夺战，整个山沟弥漫在一片炮火硝烟之中。

日军虽然武器精良，但两侧山高坡陡，东西两翼被八路军严密把守，只能就地抵抗。经过一个多小时的激烈战斗，日军

晋察冀军区第一军分区司令员杨成武（右一）在黄土岭前线指挥战斗

已伤亡过半。就在日军的慌乱反击中，第一团团长陈正湘通过望远镜发现在黄土岭东边有一个独立的农家小院，院内有多名穿着黄呢子大衣的日军军官在活动，他急忙命令用迫击炮对其进行射击。

随着“哐、哐、哐”几声巨响，院内的敌军军官倒下一片。而阿部规秀就在这群军官之中。失去指挥官的敌人陷入极度恐慌中，回头朝黄土岭方向拼命突围，但遭到我部迎头痛击。而后，敌人又折回头向寨坨突围，又被击退，不得不收兵固守。入夜，杨成武下令各团固守已有阵地，不使敌人漏网，同时派小部队袭

黄土岭战斗中炮兵向敌人射击

黄土岭战斗中缴获的日军将领阿部规秀使用过的长条桌

扰敌人，等到拂晓再开始总攻。

11 月 8 日凌晨，空中飞来 5 架敌机，并投下了 7 个降落伞，伞上吊着弹药、粮食，还有派来指挥黄土岭残敌的日本指挥官。8 时许，敌人留下 200 多人在上庄子掩护，其余大部开始向司各庄方向突围。八路军围攻部队开始全线攻击，炮火不断，枪声连绵直至中午。不久，聂荣臻接到情报：附近敌人从灵丘、涞源、唐县、易县、满城等方向，分多路向黄土岭合击，先头部队距黄土岭已不到 15 公里。敌人如此纠集重兵，是企图在包围圈外对八路军形成更大的包围。鉴于此情况，聂荣臻立即下达了部队撤出战斗的命令。各部队接命，迅速撤离黄土岭战场，跃至外线作战。黄土岭战斗以歼灭日军 900 余人、击毙中将阿部规秀而宣告结束。

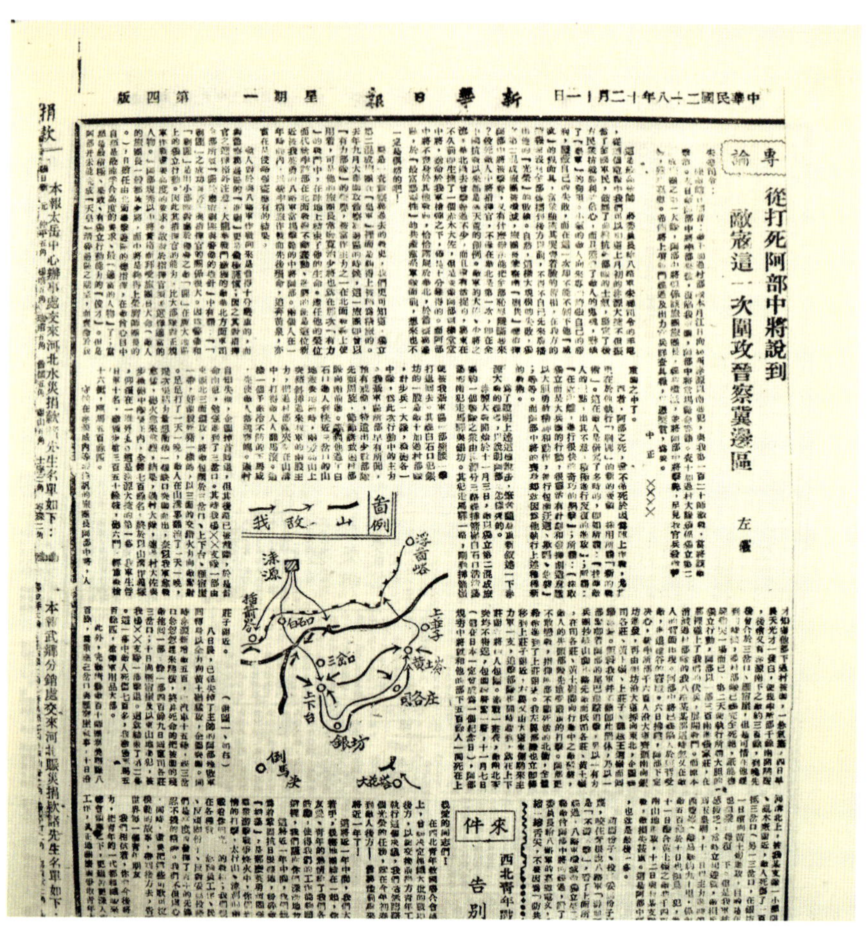

中華民國二十八年十一月二十一日 新華日報 星期一 第四版

專論

從打死阿部中將說到敵寇這一次圍攻晉察冀邊區

左權

《新华日报》关于击毙阿部规秀的报道

击毙敌军中将指挥官的消息传来后，在延安，在八路军总部，以及全国各地，人们无不欢欣鼓舞，各友军、抗日团体、著名人士也纷纷发来贺电，祝贺八路军取得的胜利。

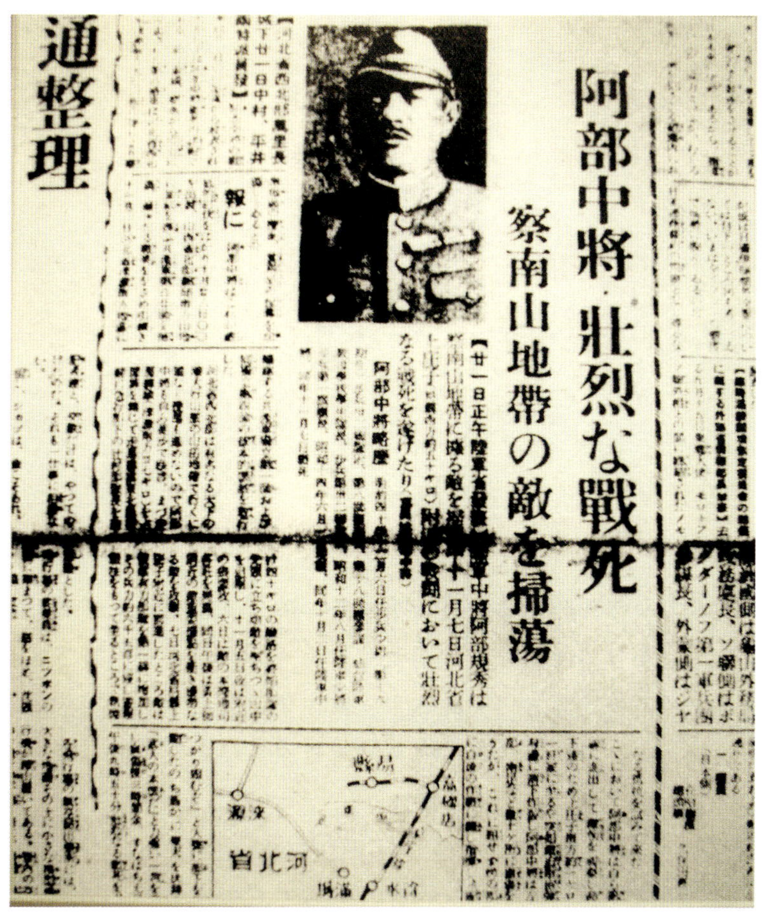

通整理

阿部中將·壯烈な戰死

察南山地帶の敵を掃蕩

【廿一日正午陸軍省發表】陸軍中將阿部規秀は十一月七日河北省察南山地帶に據る敵を掃蕩中[illegible]において壯烈なる戰死を遂げたり

阿部中將略歷

日本报纸登载阿部规秀战死的报道

阿部规秀的死震动了日本朝野，陆军省发布了阿部规秀的阵亡公报。日本《朝日新闻》以“名将之花凋谢在太行山上”的通栏标题，连续三天刊登悼念文章。文章中说：“自从皇军成立以来，中将级将官的阵亡，是没有前例的。”

强攻东团堡

日寇写下“长恨歌”

“长恨歌”的由来

在河北涞源的东团堡有两块石碑，石碑上镌刻的是一首“长恨歌”，而作者却是一名日军大佐。他为什么要在中国写下这首诗呢？就是因为在百团大战之中，东团堡驻扎的日军，在八路军的猛攻之下，全军覆灭。当他率部重返东团堡时，看到日军的惨败场景，便写下了这首“长恨歌”。

在抗日战争时期，八路军与日军在华北地区发生的规模最大、持续时间最长的战役就是百团大战。1940 年 8 月，在八路军总部统一指挥下，发动了以突破袭击正太铁路为重点的战役。参战部队在开战后不久就达到了 105 个团，故称“百团大战”。

百团大战分三个阶段进行，粉碎了敌人对太行、太岳、北岳、晋西北等根据地的大规模“扫荡”，沉重打击了日寇的嚣张气焰，鼓舞了中国人民的抗日斗志，遏制了妥协投降的逆流。

在百团大战的第二阶段（1940 年 9 月 22 日至 10 月上旬）中，八路军晋察冀军区主力部队对占据河北涞源—山西灵丘地区的日军发起进攻作战，这就是涞灵战役。在涞灵战役中，最为激烈的战斗就是东团堡歼灭战。

东团堡在涞源城东北，是涞源至宣化公路沿线上的重要据点。要想攻下涞源城，必须拿下东团堡。可是这个据点的碉堡异常坚固，围墙、外壕、铁丝网，障碍重重，驻防这里的是日军的一个

涞灵战役中八路军战士正准备伏击日军

士官教导大队，共有 170 多人。这些敌人训练有素，武器精良，武士道精神十足，非常顽固凶残，他们经常到周围的村庄“扫荡”，到处烧杀抢掠，罪行累累。

另外，东团堡还与上庄、中庄、王喜洞、摩天岭等据点遥相呼应，真可谓易守难攻。所以，东团堡是块硬骨头，东团堡之战注定是一场硬仗。

在东团堡歼灭战中，担任主攻任务的是第一军分区第三团。9 月 22 日晚上 8 点开始发起进攻，第三营首先破坏日军据点外围的防御工事，并用成捆的手榴弹消灭了碉堡内的日军。第二营因为向导带错了路，没能及时到达预定地点参与作战。在这种情况下，第三营仍然奋起攻坚。

这样，经过整整一夜的激烈战斗，到 23 日上午 9 时，八路军终于攻占了西南的碉堡，走错路的第二营抵达后占领了南侧的碉堡，撕开了敌人的防线。这时穷凶极恶的敌人也发动了更加猛烈的还击，甚至使用了毒气弹。由于之前没有这方面的防备，所以很多战士中毒倒下了。

战士们戴着浸过水的口罩，前仆后继，喊杀冲锋。23 日夜里，敌人终于顶不住了，被迫收缩防线，依仗着核心工事反击。

到 24 日，战斗更加白热化，日军大队长甲田赤腈上阵，亲自率领数十名龇牙咧嘴、大呼小叫、举着战刀的日本兵向八路军扑过来。第一排排长于勇带领全排战士与敌人展开肉搏，一人接连刺死四名日本兵，自己头部也被刺伤，最后毅然拉响了四颗手榴弹，冲进敌群，与日本兵同归于尽。

这天晚上，已经是攻击东团堡的第三夜。团长邱蔚和政治委员王建中集合全团再次进行动员，鼓励大家下定决心，誓死也要把敌人消灭掉。经过三天三夜的激战，敌人终于处在绝境了，残敌全部退守到东北角的碉堡中，死不投降，并不断释放毒气。

25 日上午，张家口方向的敌机向固守的日军投放物资，大批的子弹落在了八路军的阵地上，被八路军缴获，可把战士们高兴坏了。傍晚时分，一名日军翻译从阵地中偷偷跑出来，举手投降，并且报告说，敌首见大势已去，与剩下的日军准备跳进火中自焚，还要把碉堡内的武器弹药毁掉。听到这个消息，第三团迅速展开了缜密分析，随即第三团所有士兵冲进了日军阵地，却发现剩余的日军已经全部自焚了，一个个都变成了黑油条，武器被烧毁了一部分，另一部分得以及时被抢救下来。

八路军小百科

东团堡战斗胜利后，随军记者为当时胜利欢呼的战士们留下了一张珍贵的战地照片，形象记录了八路军战士站在古长城上举枪欢呼的情景。1995 年我国发行抗日战争胜利五十周年纪念邮票时，其中一枚 20 分邮票《百团大战》就是以这幅照片为背景的。

攻克河北涞源东团堡烽火台后战士们在古长城烽火台上欢呼胜利

至此，八路军第一军分区第三团完全占领了东团堡据点，歼敌 170 多人，除了那名日军翻译，无一人漏网。与此同时，我军士兵伤亡也很惨重，许多战士的英魂留在了东团堡，留在了涞源大地上。时任晋察冀军区司令员兼政治委员的聂荣臻曾评价道：“东团堡之战，是以顽强对顽强的典型战例。”

东团堡之战后，日军驻守涞源的警备司令小柴俊男非常震惊，也特别害怕，还作了一首“长恨歌”刻在石碑上。其中这样写道：

惨复天地炮声震，团堡一战太凄惨。

……

突击不分昼和夜，决战五日星斗寒。

当杨成武看到派人抄来的这篇碑文时，正好是百团大战的第三阶段——反敌报复性“扫荡”胜利结束。杨成武说，读了“长恨歌”，我想日本帝国主义不停止对中国的侵略，那么他们的“长恨歌”是永远写不完的，现在只是开始！

狼牙山雄风

狼牙山五壮士“战史壮高风”

编入课本的故事

中华人民共和国成立后，狼牙山五壮士的事迹曾被编写进小学语文课本。那些震撼人心的情节，以及狼牙山五壮士所表现的崇高的爱国主义、革命英雄主义精神和坚贞不屈的民族气节，教育和鼓舞了几代人。

1941 年，侵华日军对晋察冀抗日根据地河北易县的狼牙山地区进行了连续的“扫荡”，制造了田岗、东娄山等多起灭绝人性的惨案，妄图以凶残的“三光”政策，不断“蚕食”抗日根据地。

9 月 23 日，日军分三路向易县进军，妄图包围晋察冀军区第一军分区。24 日，在伪军的带领下，3 500 多名日、伪军突然包围了狼牙山地区，将守卫狼牙山的第一团以及易县、徐水、满城、涞源四个县的游击队和四个县的党政机关人员以及周围村庄群众约四万人围住，形势十分严峻。

第一团团长邱蔚急速将此情况报告军分区司令员杨成武，为解救游击队员与当地百姓，杨成武制订了“围魏救赵”的作战方案，命令第三团、第二十团佯攻管头、松山、甘河一带日军，促使日军从狼牙山东北方向调兵增援，以便被围的游击队员与群众一有机会就能尽快下山。

情况正如杨成武所料，第三团和第二十团的进攻刚刚开始，敌人误以为是八路军主力要同他们决战，就立刻扑了过去，敌军包围圈被撕开了一个口子。

邱蔚将第一团第七连留在狼牙山执行掩护任务，自己带着各游击支队、机关干部和群众赶快开始转移。

第七连接到任务后，立即向山上开进。不一会儿，一股敌人沿着弯弯曲曲的山路向山上追来，第七连战士从几处山梁连续开火，造成漫山遍野都是八路军的假象，敌人以为是网住了一条大鱼，不断发起进攻。

时间仿佛凝固了，太阳磨磨蹭蹭地出来，又磨磨蹭蹭地爬到半空。敌人的进攻已经不知道发起了多少次，第七连前沿阵地的战士大多牺牲了。连长也身负重伤，他转过身来对第六班班长马宝玉说：“战斗了整整半天时间，按照上级要求，我们连的任务基本完成了，为了争取转移出去的干部、群众走得更远一些，现在留下你们班继续阻击敌人，一定要坚持到明天中午，然后撤离归队。”

富有战斗经验的第六班五名战士，利用山区的有利地形，采取节节阻击的战术，没有损失一人一枪就出色地按时、按地点完成了掩护任务。

完成任务后，正当大家准备循着大部队的路线转移时，刚到岔路口的班长马宝玉犹豫了。副班长葛振林看出了他的心思，主动说："班长，你就下决心吧！"看到同样是共产党员的副班长也支持自己的想法，马宝玉果断地说出了自己的想法："同志们，转移队伍中，绝大多数是根据地的人民群众，男女老少，肯定走不快，如果让敌人跟着咱们追下去，人民群众就危险了。"

第六班的战士对当地的地形都很熟悉，他们心中也都十分清楚，这个岔路口可通往两条路：一条通向山区的纵深，走这条路，会让尾随而来的敌人威胁到转移中的根据地军民的安全。而另一条通向狼牙山的主峰棋盘陀，这是一个三面绝壁、一面陡坡的孤峰、绝地。面对选择，他们毅然决然地向班长表态："班长，你说怎么办，咱们就怎么办！"

就这样，在马宝玉和葛振林的带领下，第六班的五个人毫不犹豫地掉过头来，向着狼牙山的主峰棋盘陀攀去。

为了吸引敌人，第六班的五个人边撤边打，给鬼子造成前面不远处就是根据地领导机关和人民群众的错觉。于是，500 多名日军在一名大佐的率领下，紧追不舍地一步步爬上了陡峭的狼牙山。

经过五个多小时的激烈战斗，在毙伤 90 多名敌人后，他们已

狼牙山五壮士跳崖处

群雕《狼牙山五壮士》（陈列于八路军抗战史陈列馆第四展厅）

经退到了棋盘陀。

“副班长，还有手榴弹没有？”胡德林问道。葛振林一摸，没有了。大家都没有手榴弹了。不仅手榴弹没有了，连枪里的子弹也没有了。“看来只好用石头啦。”葛振林搬起一块十多公斤的石头，狠狠地向敌人砸去。其他战士立即响应，一起举起石头砸向敌人。又有几个敌人号叫着滚下山。

最后，连山顶的石头也几近扔光了，而日军仍旧步步紧逼。五位中华民族的优秀男儿——马宝玉、葛振林、胡德林、胡福才、宋学义，面对一步一步爬上来的日军，他们砸碎枪支，高呼着“打倒日本帝国主义！”“中国共产党万岁！”的口号，毅然跳下了悬崖……

紧跟着爬上崖头的日军见此情景大惊失色，他们万万没有想到：与他们激战一昼夜的八路军部队，居然仅仅有五个人！

五位英雄战士跳崖后，马宝玉、胡德林、胡福才光荣牺牲，葛振林、宋学义挂在了悬崖的树上，身负重伤，被老百姓救出，顽强生存了下来。

狼牙山五壮士的英雄事迹很快传遍了晋察冀军区第一军分区，传遍了晋察冀抗日根据地。聂荣臻在晋察冀军区的一次会议上，高度评价了狼牙山五壮士的英雄行为。他说，在他们身上，体现了中国共产党领导的人民军队的优秀品质，体现了中华民族的英雄气概，我们要继续下去，将其发扬光大。

狼牙山五壮士幸存者葛振林（右）、宋学义（左）

八路军小百科

他们把幸福留给后人

下面的这首《狼牙山五壮士》，是1941年9月时任晋察冀日报社社长的邓拓为缅怀五位壮士写下的一首诗：

北岳狼牙笄，边疆血火红。
捐躯全大节，断后竞奇功。
畴昔农家子，今朝八路雄。
五人三烈士，战史壮高风！

当今的青少年享受着和平雨露的滋养，但不能忘却那些如狼牙山五壮士一样的革命先烈，正是他们在生死抉择之际的英勇无畏，才换来了中华民族抗战的最终胜利，成就了我们的幸福生活。

为了悼念为国捐躯的马宝玉、胡德林和胡福才三位烈士，晋察冀军区第一军分区专门召开了隆重的追悼大会。杨成武司令员宣读了晋察冀军区司令部和政治部发出的训令，要求全区部队学习狼牙山五壮士勇敢顽强的精神，用战斗的胜利来纪念他们。为了永远纪念五壮士、学习五壮士，当地军民在狼牙山棋盘陀立起了五壮士纪念碑。

激战黄崖洞

一夫当关，万夫莫开

阵地防御战的典范

在黄崖洞保卫战中，日军共出动约 5 000 人，而八路军方面的参战兵力约 1 500 人，经过八个昼夜的激战，共毙伤日军 700 余人，我军伤亡 100 多人，创下了抗战史上阵地防御作战的最佳成绩。

1939 年，八路军军工部遵照朱德总司令和左权副总参谋长的指示，在山西榆社县韩庄成立总部修械所，担负修理我军损坏和缴获枪械及生产弹药的任务。

7 月，总部修械所搬到一个地形险峻、山丘围绕的谷底小庄——山西省黎城县黄崖洞，扩大工厂规模，正式建成了八路军的兵工厂，并很快发展为根据地内规模较大的军工基地，成为当时华北抗日根据地我军武器装备供应的重要来源之一。

黄崖洞兵工厂能够生产八一式步枪和子弹、五〇炮（即掷弹筒）与炮弹，可以修理步枪和轻重机枪等武器。在生产量最高的时期，月产步枪 400 多支、五〇炮 50 多门、炮弹 3 000 多发。它的产品先后装备了 16 个团的部队和民兵，有力地增强了部队的战斗实力。

黄崖洞兵工厂被华北日军视为心腹之患。1940 年 10 月 26 日，日军冈崎大队闯入黄崖洞，但被八路军守军击溃。为了阻止日军骚扰、破坏，1940 年 11 月上旬，八路军总部特务团奉彭德怀、左权之命进驻黄崖洞，担负起保卫黄崖洞兵工厂的重任。

特务团在进驻黄崖洞后，左权副总参谋长于 1940 年 11 月至 1941 年 8 月间多次来到特务团，全面地勘察了地形，精心具体部署了保卫黄崖洞防务的各项准备工作。最后指示特务团以黄崖洞

黄崖洞兵工厂仿真景观（陈列于八路军抗战史陈列馆第三展厅）

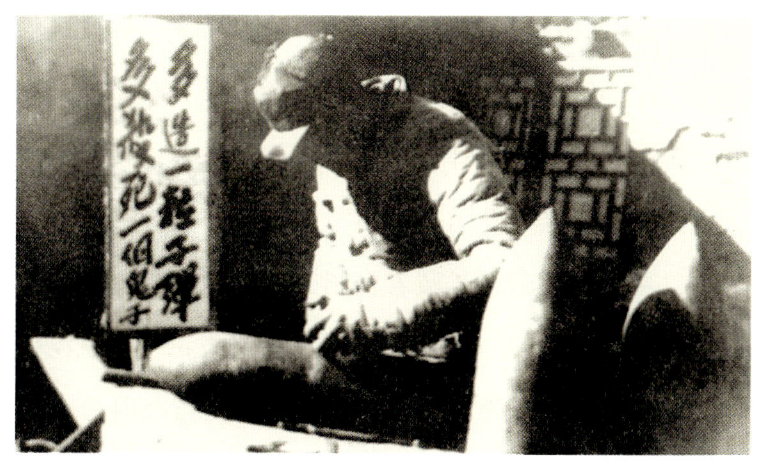

八路军军工人员在制造炮弹

为中心，据险设防，构筑工事，设置障碍，组织火力，组成多阵地梯阶环状防御体系。

在团长欧致富、政治委员郭林祥的带领下，特务团着手开石、伐树、烧灰、筑碉、挖壕，加紧修筑工事。经过 10 个月的筑建，全面完成了防御工事，并演练各种战斗方案。

1941 年 11 月 9 日，驻黎城的日军出动 5 000 余人，向这次“扫荡”的重点——黄崖洞进发。11 日，日军乘拂晓大雾，逼近黄崖洞特务团阵地。

敌人用重炮、山炮、迫击炮等重武器由远而近轰击，企图引爆特务团埋设在道路下的地雷。炮击过后，日军又驱赶着 100 多只羊在前面踏雷，步兵、骑兵跟在后面。但由于特务团官兵早有提防，在路面埋设的都是人踏马踩才响的大踏雷，结果羊安然通过，后面的敌人却踩响了地雷。

日军又以工兵排雷，然后步兵多次轮番冲锋，都被特务团击退。特务团第七连利用工事集中火力杀伤敌人，并且组织神枪手，专打敌人指挥官。敌人无计可施，向第七连前沿和纵深阵地施放毒气。团长欧致富和十几名战士不幸中毒，昏了过去。等欧致富苏醒过来，看见第三营营长戴着自制的防毒面具指挥战斗，部队已打退了敌人的冲锋。原来敌人以为放了几十发毒气弹就没事了，便大摇大摆地扑上来。然而特务团的战士因防毒及时，中毒的人很少，打了敌人一个措手不及。

敌人从正面攻击未逞，就改以水窑之断桥隘口为主攻方向。第八连连长彭致海等 12 名共产党员，分设三个点，构成一个火力网，让敌人始终无法突破。为了配合战斗，团里把仅有的 12 发炮弹，准确地射向敌人，使敌人遭到重大伤亡。

在战斗间歇，左权副总参谋长直接挂电话到第三营，询问团长欧致富的情况。当听说欧致富中毒便让他到后方医院去治疗，欧致富急忙争辩说："根本不存在不行的问题，冲锋不行，指挥还行！"左权听后提醒欧致富：天快黑了，敌人"收尸队"要出动了。欧致富便命令战士们准备好滚雷、手榴弹。不久，敌人果然前来收拾残骸，被滚雷、手榴弹炸得鬼哭狼嚎。

15 日上午，敌人兵分三路，一路从正面强攻，一路从右翼包围，一路从左翼搭人梯爬断崖，妄图直取水窑口特务团的核心阵地。战士们见敌人架起人梯向上爬，立即把几颗地雷扔了下去，顿时把敌方的人梯炸毁了。

战斗已经持续了数天，呈现出交战以来最惨烈的场面。16日下午，日军以炮火压制特务团火力，然后以喷火器烧毁水窑口的核心工事。顽强坚守阵地的12名战士全部壮烈牺牲。敌人攻占了水窑口后，仍处于特务团部署在周围的火力控制之下，无藏身之地，至黄昏时不得不撤回原地。

17日，为全部控制黄崖洞的制高点，敌人分多路从正面攀登悬崖实施奇袭，少数从右侧登上了1650高地。第二营第五连第一排排长赵登猛率领战士与敌展开白刃格斗，战士李天光专门对付攀崖偷袭的敌人，一人就用刺刀杀敌10余人。

18日，敌人企图攻占第一营防守的2008.5高地。在此坚守的第一营机枪连英勇奋战，机枪班长李吕标一口气就发射出子弹480多发，击毙大量进攻之敌。机枪手帅二保凭借有利地形，灵活变动射击方位，与敌周旋。当敌人发现他后，曾组织三门炮对付他的一挺机枪，但均被他机智躲过。18日下午，日军集中兵力，向左会南山高地猛攻。八路军坚守阵地的第一排战士除三人安全转移外，其余全部光荣牺牲。但敌人还没站稳脚跟，就被第一营的反击赶下高地。深夜，左权打电话给欧致富，告诉他八路军外围部队已经向敌人发起进攻，进攻黄崖洞的敌人可能要连夜逃窜。

19日凌晨5时，第一营恢复了全部阵地，欧致富发现敌人已经不支，立即令第二营追击敌人，同时与第四连第一排排长张政林等会合。19日10时，特务团完全恢复了所有阵地。黄崖洞保卫战胜利结束。

黄崖洞外景

黄崖洞一战，八路军总部特务团浴血奋战八昼夜，毙伤日军700余人，而己方仅伤亡100多人。战斗结束后，左权赶到特务团驻地，高兴地对大家说："这次保卫战打了八天八夜，仗打得好，你们为人民立了大功。"

八路军小百科

司号员崔振芳的军号

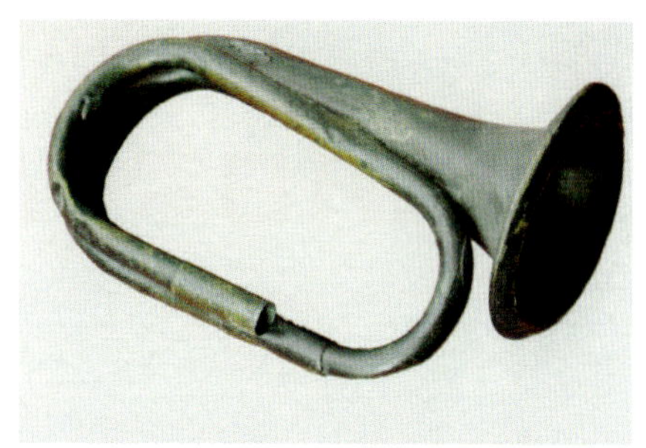

崔振芳，山西洪洞县人。1937年，他参加了八路军，在总部特务团七连当司号员，驻守在黄崖洞。

在黄崖洞保卫战中，崔振芳和卫世华把守南口。战斗中卫世华的手臂被打断，只剩下了崔振芳一人战斗在陡崖上，他投出了100多枚手榴弹，阻击了敌人进攻。最后，所有的手榴弹都投光了，人也累得爬不起来了。这时他听到了增援部队赶到的呼喊声，使尽力气刚站直身体准备迎接战友，不料被一块炮弹崩起的石块击中了喉咙，顿时血流如注……

现在我们看到的这把军号正是崔振芳用过的，军号有些残缺不全，甚至有的地方已经变形了，但它见证了太行军民可歌可泣的英雄事迹，是战斗的号角，是胜利的号角！这把军号经文物专家鉴定，被评为国家二级文物，现陈列于八路军抗战史陈列馆第四展厅。

设伏韩略村

痛歼日军“战地观察团”

被拍成电视剧的伏击战

看过电视剧《亮剑》的人，都会对剧中李云龙率领独立团全歼日军“战地观察团”的精彩战斗留下深刻印象。这场精彩的战斗，并非单纯的艺术加工，而是有着真实的历史背景。那就是 1943 年秋，八路军太岳区部队在临（汾）屯（留）公路上的韩略村战斗。

1943 年 10 月，日军调集了第一军第六十九师团、第六十二师团、第三十七师团的 16 个大队，连同伪军共计两万多人，对太岳根据地发动“扫荡”，妄图一举摧毁抗日根据地，围歼八路军有生力量。

日酋冈村宁次亲自担任了这次“扫荡”的总指挥，又令其第一军司令吉本贞一亲抵临汾指挥。冈村宁次向东京的参谋本部夸口：这次要迫使共产党的军队在黄河岸边背水作战，不降即亡！

参谋本部非常重视冈村宁次的这一“杰作”，特从各地抽调一批军官，组成“战地观察团”，由少将旅团长服部直臣带领，前来太岳区前线“观战”。

此时正值国民党顽固派掀起第三次反共高潮，其将进攻的主要矛头指向陕甘宁边区。10月，为了保卫陕甘宁边区的安全，第三八六旅第十六团奉命向延安开进。

在第三八六旅旅长兼太岳军区第二军分区司令员王近山率领下，第十六团从长子县出发，向西南方向进发。王近山打仗素以“猛扑、猛冲、猛打、猛杀”而闻名，曾被敌我双方指挥官戏称为“王疯子”。王近山率部辗转迂回，日伏夜行，于10月18日到达临汾东北、洪洞东南的韩略村附近。

这一带群众基础好，部队一到，群众就开始站岗放哨，烧水做饭。在同地下工作者的接触中，一个消息引起了王近山极大注意。地方的负责人介绍说：“最近每天上午有若干辆满载物资的汽车由临汾出发，在少量部队的掩护下，经过韩略村向东去，支援对根据地‘扫荡’的敌人。下午又满载从根据地抢掠的财物，经此地返回临汾。”他介绍完情况，又补充道：“最近敌主要兵力正在根据地腹地‘扫荡’，这里根本没有多余的兵力可调派，正是打击敌人千载难逢的良机。”

王近山一听，认为虽然第十六团的任务是奔赴陕甘宁边区，但应抓住有利战机，在韩略村伏击敌人，迅速结束战斗，然后再奔赴延安。

韩略村是敌人的据点，驻有日伪军 40 多名，距离日军“扫荡”的前线指挥部所在地临汾只有 25 公里。临（汾）屯（留）公路恰好从韩略村中间通过，村西南一带地形险要，公路两侧多为两丈多高的陡壁，是个打伏击的好地方。

由于韩略村离临汾近，敌人活动很猖狂，同时也很麻痹。王近山决定在这里伏击敌人，打击一下他们的疯狂气焰，减轻敌人对当地人民的危害，同时也可以牵制敌人，配合根据地腹地的反“扫荡”作战。

23 日下午，王近山组织参战的团、营、连级干部到韩略村附近详细侦察了地形。地方上的党政干部也马上动员当地群众和民兵协助军队作战。

24 日凌晨 3 时，参加战斗的四个连队悄悄地进入伏击阵地。可是，敌人却迟迟未到。当天上午，前方发来了激动人心的消息：临汾方向公路上发现敌人。不多久，只见敌人的 13 辆军车卷着飞扬的尘土进入了伏击圈内。

正当车上的日军得意忘形地谈笑时，第六连战士突然以手榴弹、掷弹筒向敌人开火。在爆炸声中，燃烧弹击中了敌末尾那辆车，堵死了车队的退路。末尾车上冲下来十多名日军，当即被飞蝗般的子弹击毙。第六连班长赵振玉带领全班战士，从陡壁上飞奔下公路，从敌人汽车上夺下重机枪，顺着公路猛扫。敌人遭此突然打击，一时不知所措。领头的汽车急速向前猛冲，最终还是被第九连战士们拦住了去路。这时，敌车队前后都被卡住。第

八路军战士向敌人发起冲锋

四连、第五连的战士们如猛虎下山，冲上公路，与敌人展开了白刃战。在三个多小时的战斗中，随车的 120 多个敌人几乎全部见了阎王。

战斗结束后查明，这次被歼的敌人正是日军华北方面军司令部组织专程赶到太岳区的“战地观察团”。它的成员是日本“支那派遣军步兵学校”的第五中队、第六中队的军官及其他有关军官。其中包括少将旅团长一名，联队长六名，其余都是中队长以上军官。

战斗结束后，王近山率第十六团迅速离开战场。遭到伏击的消息传到日军华北方面军司令部后，当天下午，日军从临汾城和正在“扫荡”的日军中纠集 3 000 余人，在十多架飞机掩护下火速赶来，实施报复，却扑了个空。遭受如此巨大的损失，日军华北方面军司令冈村宁次怒不可遏，将一个中将师团长撤职，将据守韩略村的日军中队长枪毙，该据点的其余日军和伪军都被打了耳光，个个鼻青脸肿，垂头丧气。

沁源围困战

不靠大炮靠围困

中外战争史上的奇迹

沁源围困战历时两年半，毙日伪军 4 000 余人，解救很多被捕群众，夺回大量牲畜，将敌人赶出沁源，粉碎了日本侵略者妄图摧毁太岳根据地的阴谋。沁源围困战是中外战争史上的奇迹，它创造了对占领我腹心地区之敌进行斗争的范例。

沁源，位于山西省中南部，是晋中、临汾、长治的交界之地，是太岳区党委和太岳军区所在地，是中共中央北方局和太行八路军总部的天然屏障，也是晋察冀和华中抗日根据地通往延安的重要节点。

1942 年 10 月 20 日，日军两个师团的六个大队以及 20 余个县的伪军万余人，分兵七路，进攻太岳抗日根据地，妄图采取远距离奔袭的办法，消灭太岳军区领导机关，聚歼军区主力部队。因太岳军民早有准备，敌人扑空了。

敌人以重兵占领沁源后，将沁源作为“山岳剿共实验区”，一面在全县重要村镇驻扎据点，进行分区“清剿”，一面大兴土木，筑碉堡，修公路。妄图配合政治上的怀柔笼络，来逐步“蚕食”根据地。

11 月中旬，太岳军区发出“实行长期围困，战胜敌人”的命令。18 日，沁源县围困指挥部正式组成。县围困指挥部把全县划为 13 个战区，每个战区组织了由主力军、县大队、民兵共同参加的游击集团。从此，全县军民开始了对占据沁源日军的长期围困。

11 月下旬，县围困指挥部做出一项重大决策，计划把离日军占领点 5 里以内的 23 个村镇约 16 000 人全部疏散隐蔽到沁河两岸的深山密林之中。这样，把日军陷入一个“没有人民的世界”里。

经过充分动员群众，开展思想教育，由主力部队和民兵掩护，在短短的五六天之内，一万余人的秘密大转移全部完成，使日军的侵占地区及其周围形成了“无人区”。

沁源军民把带不走的东西全部埋藏隐蔽，使日军无水吃，无奈只好到几里外的沁河驮水；无粮吃，只有去田间弄些玉米充饥；睡觉连木板、席片都找不到，只得铺杂草就地而卧。

敌人不仅吃不上，喝不上，还不断地受到游击队和民兵的袭击。各村民兵主动袭扰敌人，破坏其交通运输。敌人原想修通安（泽）沁（源）公路，终因民兵不断袭扰而失败。转到外线去的军区主力部队，这时也乘虚向敌据点主动出击，敌人分区“清剿”的阴

沁源围困战中围困据点的民兵分队

谋遭到沉重痛击，不得不把第三十六师团的三个大队及大部伪军抽走，只留下第六十九师团的两个大队及伪军一部，来死守城关等几个孤立的据点。

沁源军民转移出来后，上万人的吃住成了最大的问题。正在这紧要关头，太岳军区和太岳行署调拨的救济粮一担担运进山来。军队还发动了每人每日节约二两粮食的运动，周边的沁县、安泽等地也发起了节约一把米运动，来支援沁源人民。

春节前，太岳区领导机关又派代表前来沁源慰问。转移出来的沁源群众，在山沟山湾里打了五千多孔窑洞，赶在下大雪之前，一家家都住进了新打的窑洞。春节到来的时候，人们照样准备过年的东西。一场大雪过后，在白雪覆盖着的山沟土凹里，插起了一个个木牌。木牌上写着“正气沟”“坚定庄”“顽强圪梁”“伟大山头”……

社論

向沁源軍民致敬

抗戰以來六年半的長時間中，敵後軍民以自己的血肉頭顱，寫出了可歌可泣的英勇史詩。在數的史詩中間，晉東南太岳區沁源縣八萬民衆的對敵鬥爭，也放出萬丈光芒的異彩。

據太岳區來人談，沁源在一九四二年十一月以前，經歷了敵寇無數次的「掃蕩」，每次「掃，敵寇都吃了很大的虧。在對敵鬥爭中，沁源取得了模範縣的光榮稱號。敵人在屢經失敗之後，成怒，把沁源劃爲「剿共實驗區」，於一九四二年十一月，佔領沁源縣城和許多據點，駐紮兵力爲三個大隊，以軍事、政治、經濟、文化、特務種種方法，軟硬都來，企圖使沁源僞化。可是，了一九四二年兩個月和一九四三年整整一年，全沁源八萬人，沒有一個當漢奸的，沒有一個村組「維持會」來：不但一般人不當漢奸，就是沁源的大煙鬼流氓痞子也沒有一個人當漢奸；不但壯老年人無一人當漢奸，而且七八歲十幾歲的小孩，常被敵人成擄捉到城裏去，他們也誓死不當漢或則哭罵不休，或則偷了敵人的東西逃出城來，或則絕食，弄得敵人毫無辦法。沁源人民，常以沁人沒有當漢奸的」一語自豪。的確，他們是值得自豪的，他們是值得大大的自豪的！

沁源人民，不僅是消極地不當漢奸而已，而且積極地圍困敵人。從敵人佔領沁源縣城的一天

1944 年 1 月 17 日，《解放日报》刊登的有关沁源围困战的社论

在沁源军民的长期袭扰和围困中，日军伤亡惨重，不断从城外的阎寨、中峪店和霍登等据点撤出，退守在城内。最后只能龟缩到沁源城西山坡的几个碉堡内，妄图依仗坚固的防御工事，在沁源作困兽之斗。

1945 年 3 月初，响应毛泽东提出的“消灭敌伪，扩大解放区，缩小沦陷区”的号召，太岳区党委和军区决定：在各县支援下，沁源党政军民总动员，向沁源城关、交口守敌发动总围攻。沁源县围困指挥部决定从 3 月 14 日起围攻。全县军民对日军的万人大围困、大决战开始了。

首先，爆炸队将几千颗石雷虚虚实实布满了城关、交口日军据点周围和二沁大道（沁源到沁县之间的交通要道，俗称“二沁大道”），形成了多层的地雷网和地雷阵，道路上布满圪针和陷马坑，柴草灰土铺了厚厚的一层，重重障碍完全断绝了日军

八路军小百科

沁源人民“没有一个贱骨头”

在沁源围困战中，八万沁源军民艰苦奋战两年半，无论用多少笔墨都难以记述其详尽过程。著名作家周立波 1944 年 12 月到太岳根据地进行采访后，写下了报告文学《沁源人民》，其中赞颂道：在中国共产党领导之下组织起来的沁源人民，真正没有一个贱骨头，没有一个做汉奸的孬种，这的确是他们全体的光荣。勇敢忠贞的沁源的人民，和八路军、新四军的一切其他根据地的英勇忠贞的军民一样，把我们伟大的中华民族的气节，高扬到霄汉，而且将要流芳于千古。

外援的进入。部队、民兵白天在山头点烧狼烟、吹号、打锣鼓，晚上打冷枪袭扰日军，日军日夜惶恐不安，被迫从 3 月 24 日至 29 日每天组织突围，但均被击退。从 4 月 1 日起，整整八天，日军闭门不出。第九日，日军再次拼死突围，只突围出不足 10 里到河西村，就触响 60 余颗地雷，死伤 30 余人。

与此同时，由沁县派出到沁源县接应被困日军的 1 000 余日军，于 4 月 6 日进驻沁县漫水，7 日进驻交口，9 日凌晨，为避触雷，日军由交口出发顺沁河河滩南下开往城关，沿途在二沁大道上触爆地雷 90 余颗，遭受重创。日援军在沁源县城停留一天，4 月 10 日夜，日军以小股部队向西、南佯攻，11 日拂晓，在外围日军的接应下，沿二沁大道北窜，到交口，与交口据点的残敌会合，一起向东逃窜。由外线调回的第三十八团主力部队和沁源民兵奋力阻击，先后毙伤日伪军 500 余人，最后日军逃出沁源县境。自此，沁源围困战胜利结束。

第三部分

将帅风范
高尚情操

八路军太行纪念馆

七七事变爆发后，在中国共产党的领导下，朱德、彭德怀等八路军将领率领三师抗日将士，东渡黄河，挺进华北抗日前线。建立敌后抗日根据地，广泛开展游击战，充分发挥了中流砥柱、国家干城作用，最终赢得抗日战争的伟大胜利，书写了中国近现代史上最光辉灿烂的篇章。

在战场上，八路军将领带领八路军战士冲锋杀敌，同凶残的日寇浴血奋战，谱写了一首首惊天动地的英雄史诗。他们身先士卒、勇往直前，坚忍不拔、勤俭节约，团结群众、患难与共，严于律己、宽以待人。他们同抗日根据地军民结下了深厚的情谊，用自己的实际行动感染着这片土地上的人民，用自己朴实的作风展示着一个共产党人的风采，用自己生动的经历刻画出革命者的风范。伟大的抗日战争孕育了伟大的抗战精神，老一辈革命家用自己的高尚情操和实际行动诠释了伟大的抗战精神。

朱　德

来自抗战前线的一封借款信

总司令的赤子情

在八路军太行纪念馆的展厅里，陈列着抗战初期朱德在前线写给家乡好友的一封借款信，这封信虽然已经纸质发黄、破损，但字迹仍然清晰可认。这封不同寻常的信件，体现了中国共产党人的优秀品质，也生动反映了朱德对人民的赤子之心，以及对母亲无尽的思念和深沉的关爱。

1937 年 11 月，朱德的老师的儿子邓辉林，从四川随抗日部队来到山西洪洞县的八路军总部看望朱德，告诉他四川老家仪陇正逢旱灾，生活变得异常艰难。

这一番话让朱德想起了自己 80 多岁的生母和养母。由于自己忙于革命，一直没能照顾她们。他担心二老不能度过荒年，很想接济一下，尽一个孝子应尽的义务。

然而，作为人民军队的主要缔造者和主要领导者之一的朱德，身为八路军总司令，麾下有千军万马，但每月仅有少量津贴，囊中羞涩，根本拿不出钱来为母亲解困。11 月 29 日，他只好给家乡好友戴与龄写了一封信：

与龄老弟：

我们抗战数月，颇有兴趣。日寇虽占领我们许多地方，但是我们又去收复了许多名城，一直深入到敌人后方北平区域去，日夜不停的（地）与日寇打仗，都天天得到大大小小的胜利，差堪告诉你们。昨邓辉林、许明扬、刘万方等随四十一军来晋，已到我处，谈及家乡好友，从此话中知到（道）好友行迹，甚以畅快。更述及我家中近况颇为寥落，亦破产时代之常事，我亦不能再顾及他们。惟家中有两位母亲，生我养我的均在，均已八十，尚康健。但因年荒，今岁乏食，恐不能度过此年，又不能告贷。我十数年实无一钱，即将来亦如是。我以好友关系向你募贰百元中币，速寄家中朱理书（朱德二哥之子——作者注）收。此款我亦不能还你，请作捐助吧。我又函南溪兄贰百元，恐亦靠不住，望你做到复我。

此候

近安

朱　德

十一月廿九日

于晋洪洞战地

与龄老弟：

我们抗战数月，颇有兴趣，日敌虽占领我们许多
地方，但是我们又去收复了许多名城，一直深入到
敌人后方，北平原城去，日夜不停的与日寇打
仗，每天天得到大大小小的胜利，差堪告慰你们。
昨邓罗林许四同到我方，并随四十七军来晋西前
我处谈及家乡好友，从此话中知到好友行踪，甚以为
快。更述及我家中近况，颇为窘落，亦破产时代之常事，
我亦不能再顾及他们。惟家中有两位母亲，生我养我的
均在，均已八十，尚康健，但因年荒，今岁乏食，恐不能度过此年，
又不能告贷。我十数年实无一钱，即将来亦如是。我以好友关系
向你募贰百元中币，速寄家中朱理书收，此款我亦不能还你，请作
捐助吧。我[illegible]望你做到。我此候

近安

朱德 十一月廿九日
于晋东洪洞战地

朱德书信

这封不足400字的求助信透出的恳切和无奈，令人读后无法不为之感慨。

戴与龄生于1888年，小朱德两岁，仪陇县人。他们感情真挚，还一同参加过科举，都考过了乡试和府试。1916年的护国战争中，朱德还邀请戴与龄出任团军需官，次年他又升任朱德旅部的军需处长。朱德在德国和苏联学习期间，戴与龄多次接济朱德。1926年朱德回国后，戴与龄还追随朱德参加了南昌起义。他们密切合作、坦诚相待，论公论私，都是惺惺相惜的挚友。

戴与龄接到朱德的求助信后，立即给在仪陇的朱德的两位母亲寄去200元钱，帮助两位老人渡过了难关。戴与龄与朱德在抗战初期有了通信联系后，自己勒紧裤带节衣缩食，多次捐助朱德的亲属，并动员自己的亲属十几人投奔陕北或华北抗日前线，因为他相信朱德要走的路和要做的事是正确的，是值得他尽心竭力来支持的。

1949年12月，戴与龄在泸州病逝，享年61岁。朱德为失去这样一位为人忠厚、对革命默默做了许多好事的老朋友感到悲痛，为革命刚刚胜利自己还没有来得及回报老友而感到深深的遗憾。他把戴与龄的儿子戴超群、儿媳王清先请到北京，对他们说：我为什么喊你们来？因为你们爹爹对革命是有帮助、有贡献的人，能做的事他都做了，人民不会忘记。

作为伟大的无产阶级革命家、政治家、军事家，朱德经历了辛亥革命、云南起义、护国战争、护法战争等，在欧洲留学期间加入了中国共产党，此后经历了北伐战争和土地革命战争。

八路军小百科

一根竹手杖

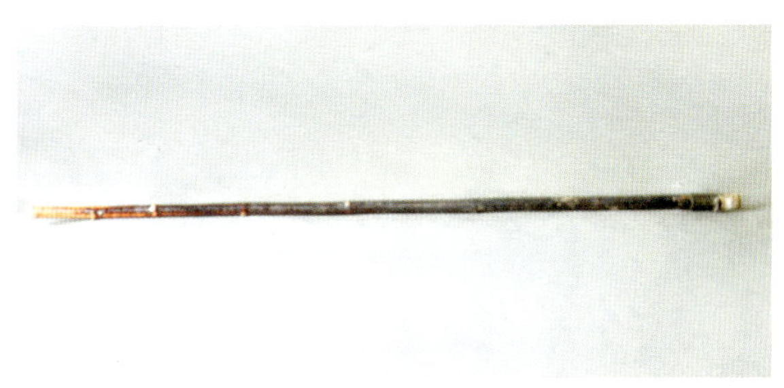

1938年4月，朱德率领八路军总部转战于山西省沁县、武乡县西部山区，指挥八路军反日军“九路围攻”的战斗。在从义门村转移到寨上村前，朱德的左小腿上生了一个疮。由于条件艰苦，加上日夜操劳，疮口已经化脓，走路一瘸一拐，不得不拄着一根竹手杖助行。

寨上村有一位姓弓的老中医，看到朱德带领八路军战士真心真意地抗日，就主动要为八路军将士治疗疾病。为尽快治好朱德的腿疮，弓老先生专门去深山中采药，却不慎滑倒，把脚扭伤。而朱德的腿疮在他的精心治疗下，半个月就痊愈了。

朱德为感谢弓老先生，特地把他请到八路军总部，一方面感谢他对八路军的支持，另一方面想给他一些报酬。可是，老先生说什么也不要钱。临别时，朱德看他走路趔趄，忙返身进屋将病中拄的那根竹手杖送给了他，弓老先生忙推辞：“不，不，不，朱总司令整天翻山越岭，你比我更需要它。”朱德握着弓老先生的手说：“这根手杖，就作为我送给你的一个礼物，留个纪念吧。”

这根竹手杖，现陈列于八路军抗战史陈列馆第二展厅。

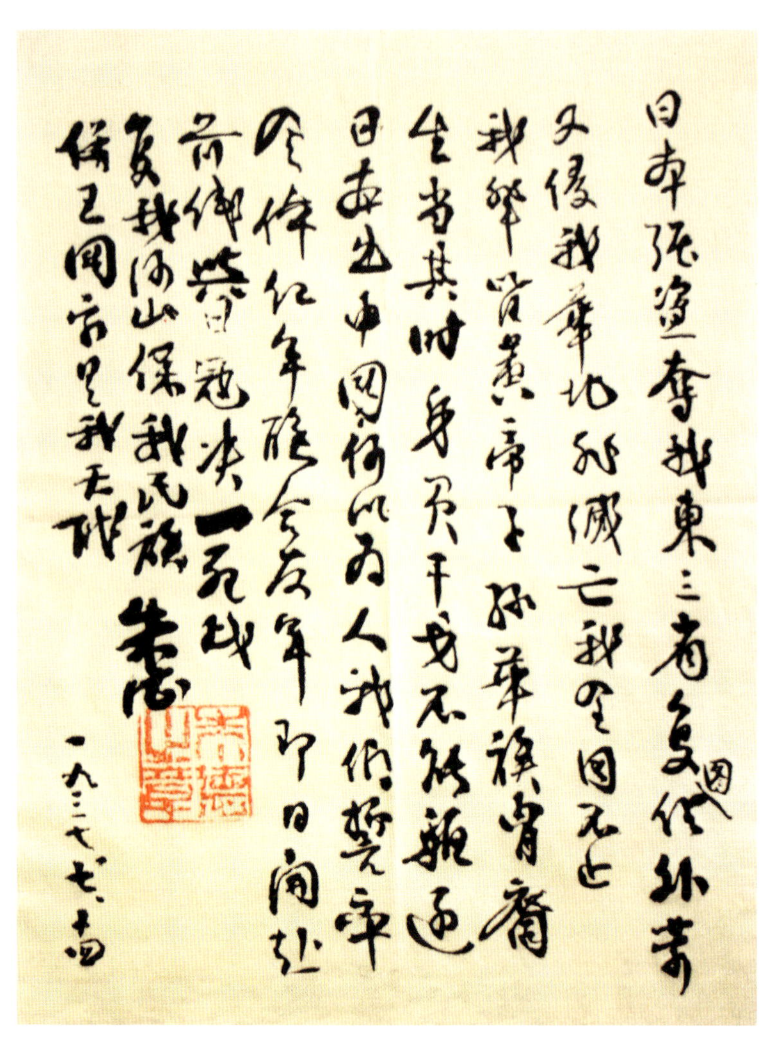

日本强盗夺我東三省复图外蒙
又侵我華北欲滅亡我全国不止
我輩皆黄帝子孙華族冑裔
生当其时身负干戈不能颠逆
日本出中国何以为人我们抗争
吾侪红军将令发布即日開赴
前线誓日寇决一死战
复我河山保我民族 朱德
保卫国家是我天职
一九三七、七、十四

朱德手书《八路军誓词》

1937年全民族抗日战争拉开序幕，在中华民族处于生死存亡之际，朱德率八路军将士，东渡黄河开赴华北，浴血奋战抗击敌寇。虽然年过半百，朱德却仍然和普通战士一样，在太行山上吃的是小米黑豆，穿的是补丁摞补丁的衣服，住在普通农家小屋。在武乡县王家峪总部时，朱总司令和当地的村民处若乡邻、亲如一家，乡亲们都亲切地喊他“朱老总”。

中华人民共和国成立后，朱德依然过着简朴平淡的生活。不仅如此，他一向教育儿孙、子侄们，工作向高标准看齐，生活向低标准看齐。临终前，他嘱咐他的夫人，把他一生的积蓄两万多元人民币全部交了党费，不为子孙留分文。

彭德怀

“不把日寇赶跑，我们八路军永远不过黄河！”

庄严的承诺

淞沪会战失利，上海失守，南京危急。抗战的前途如何，华北命运如何，成为全国人民关注的焦点。“不把日寇赶跑，我们八路军永远不过黄河！”一句庄严的承诺，表现出以彭德怀为代表的八路军将士决不向任何敌人和困难屈服的英雄气概，展现出共产党人在民族危亡面前的英雄本色。

1937 年 11 月 8 日，太原失陷，华北战局发生了根本性变化，以共产党军队为主体的敌后游击战开始上升到主导地位。

毛泽东敏锐地预见和观察到战局的变化，对八路军下一步的战略行动及时作出了新的部署。他在给中共中央北方局和八路军总部的电报中指出：“坚持华北游击战争，同日寇力争山西全省的大多数乡村，使之化为游击根据地……实现全面抗战之新局面。”

根据中共中央的指示，八路军总部确定了当前的中心任务：以山西为主要阵地支撑华北抗战，独立自主地开展游击战争，创建抗日根据地。

1937 年 11 月 11 日，转移到晋东南和顺县石拐镇（今石拐村）的八路军总部召开领导干部会议。在会议上，大家对太原失陷后的华北形势、八路军的兵力部署问题和如何进一步发动群众、广泛开展敌后游击战争、建立抗日根据地等问题展开了热烈讨论。

石拐会议结束后的第二天，朱德、彭德怀率八路军总部向晋南的洪洞、临汾一带转移，途中传来了淞沪会战失利，上海失守、南京危急的消息。虽然经过平型关、忻口几场大仗，狠狠打击了侵华日军的嚣张气焰，但是，抗战的前途如何、华北命运如何已经成为全国人民共同关注的焦点。

1937 年 11 月 15 日，当八路军总部转移到晋东南沁县附近的开村时，几个热忱抗日的爱国青年来到总部驻地，请求会见八路军的负责人。经过一番了解，八路军副总司令彭德怀热情接待了这几位青年，回答了他们有关当前局势和抗战的各种疑问，大家从黄昏一直谈到深夜。

夜里围着火堆，青年们向彭德怀询问八路军的任务时，彭德怀充满豪情地回答：“我们决定在任何困难的情况下，都要留在山西、河北和整个华北，一直到把日本帝国主义赶出华北……为止。”当时，彭德怀坚定地对几位青年说：“不把日寇赶跑，我们八路军永远不过黄河！”

他的一席话，强烈地震撼了在场的热血青年。其中一个名叫周立波的青年，在当晚的日记里写道：“归来时，骑在牲口上，觉得很冷，但是路上是满天星星。我们也真感觉到，光明是在我们面前。”他为彭德怀的担当精神所感动，立即写了一篇《彭德怀将军论抗战形势》的报道，将八路军赶跑日寇的决心和气概迅速传遍中国，再次燃起团结抗日的火焰。不久他投笔从戎，在战争的烽火中受到锻炼和考验，成长为著名的战地记者和作家。

千金一诺，泰山之责。八路军如何做到这一承诺呢？根据中央安排，彭德怀回到延安，1937 年 11 月 27 日在抗日军政大学发表了题目为《争取持久抗战胜利的几个先决问题》的演说，他提出抗战是持久战的观点，认为只有在持久的战争中，政治、经济、军事才能够由弱变强，最终战胜日本强盗。

1938 年春，蒋介石担心华北日军南下，增加华南的压力，严令华北守军一兵一卒不能过黄河，但是日军节节进逼，守军纷纷过河南逃，北线相继沦陷。面对危局，彭德怀再次向外界重申：“八路军永远不过黄河！”这不是一句轻飘飘的承诺。

抗日战争时期，彭德怀协助朱德总司令参与领导发动群众，创建抗日根据地，扩大抗日武装，指挥部队开展独立自主的游击战和有利条件下的运动战，挫败日军多次围攻和“扫荡”，同时与制造摩擦的国民党顽固派进行坚决斗争。

彭德怀（左）与朱德（右）在山西省武乡县王家峪村八路军总部合影

1940年5月，八路军总司令朱德奉命回延安，八路军指挥重担落在彭德怀肩上。在险恶的环境中，他主动向党中央请战，巧妙运筹，有效指挥，在华北战场上发动了抗战时期八路军主动出击日军的一次最大规模的战役——百团大战。这一战，对正太、同蒲、平汉铁路等重要交通线进行了大规模破袭战，沉重打击了日寇的嚣张气焰，鼓舞了中国人民的抗战斗志，打出了敌后抗日军民的声威，振奋了全国人民争取抗战胜利的信心，在战略上有力地支持了国民党正面战场，在国际上产生了巨大的影响。

百团大战期间彭德怀在前线指挥作战

八路军小百科

17个补丁的行军锅

1938年春，日军出动重兵分九路向晋东南地区围攻，妄图把八路军主力消灭在山西辽县（今左权县）、榆社县、武乡县一带。八路军总司令朱德、副总司令彭德怀动员第二战区东路军所属部队展开反敌“九路围攻”战斗。

当时，武乡县王家峪村村民李焕兰的丈夫积极参加了抢救伤员的担架队。一次战斗中，他发现一位八路军炊事班班长满身鲜血，伤势严重，便马上抬上了担架，但这位炊事班班长却死死抱着一口行军锅不放。炊事班班长泣不成声地说：“这口锅跟随我从长征到现在……实在不忍心把它丢掉。”

后来，这位班长因伤势过重，抢救无效牺牲了。牺牲前，他用尽全身力气指着这口锅，再三请求：“一定要把这口锅保存到最后胜利。”李焕兰的丈夫含着眼泪，冒着危险把行军锅背回家中。不幸的是，恰好赶上日军“扫荡”，李焕兰的丈夫被敌人杀害了。

1939年10月，八路军总部驻扎在王家峪村。彭德怀就住在李焕兰家，这口锅也经常被借给八路军总部使用。每当炊事班用这口锅做好饭，彭德怀总要讲讲它的来历，大家听了都很受感动。直到八路军总部离开王家峪村时，彭德怀数了数，这口锅整整补了17个补丁。他意味深长地说：“这口锅为八路军立下了汗马功劳，待到全国解放后，送到博物馆，让它好好休息吧！”

1999年5月，这口行军锅被评为国家一级文物，现陈列于八路军抗战史陈列馆第二展厅。

邓小平

“人民是一切的母亲”

情系百姓疾苦　与群众心连心

从 1937 年 9 月随八路军政治部到达山西五台县东茹村起，至 1946 年 6 月率部离开邯郸，邓小平在以太行山为中心的根据地战斗工作了近九年，他领导根据地军民夺取抗战胜利，创造了辉煌业绩，建立了卓著功勋。下面几个小故事，充分展现了他情系百姓疾苦、与群众鱼水情深的崇高风范。

1937 年 11 月，八路军政治部副主任邓小平等率领八路军的一个补充团来到山西省襄垣县，团部驻在县城南关的樊家大院。听说来了八路军首长，不少群众都很想进去看看。为了安全起见，团领导规定除樊家大院的人出入自由外，其他人不能随便进出。

一天，南关一个名叫魏彦的小伙子兴冲冲地跑来，要进樊家大院面见首长，被警卫员给拦住了。一个不让进，一个非进不可，两人争执了起来。正在北屋办公的邓小平听到声音，来到了大门口。警卫员还未来得及开口说明情况，魏彦就已经抢先说道：“我有事要进去找部队首长，他说啥也不让进！”

邓小平仔细打量了一下虎头虎脑的魏彦，随后对警卫员说：“让他进来吧。”魏彦跟着邓小平进了屋，说：“首长，我要当兵，请带上我吧。”邓小平微笑着问：“你说说为什么要当兵。”魏彦滔滔不绝地说：“抗日救亡，匹夫有责。这不是你们讲的吗？我是个当长工的，地主老财的苦就够受的啦，又来了日本鬼子，老百姓还怎么活得下去呀？”邓小平微微点点头，继续问：“当兵要打仗的，打仗就会有牺牲，你怕不怕？”魏彦毫不犹豫地说：“怕什么！大不了是个死，为了打日本鬼子，死也值得！不比天天给地主干活儿累死累活的，落个累死饿死强？再说，八路军是穷人的队伍，这个兵我当定了！”

邓小平被魏彦的率真和赤诚感动了，干脆地说：“好吧！我们收下你，回去准备一下。”

目送热情洋溢的魏彦走远后，邓小平回过头来，颇有感慨地对警卫员说：“提高警惕是对的，但不要草木皆兵。对于群众只要问明情况，就可以让他们进来，如果我们与群众隔绝了，就会成为无源之水，无水之鱼，无本之木。”警卫员战士羞愧地笑了。

1940 年 6 月，第一二九师从山西辽县进驻涉县常乐村，当时财政经济及军需民食都非常困难。师首长经过研究决定，准备让部队利用战斗间隙开垦荒地，实现生产自给，减轻人民群众负担。

在师长刘伯承和政治委员邓小平的带领下，师直属队开始利用常乐村的闲散地方种菜。邓小平日常工作繁忙，但他每天还是要挤出一些时间，同大家一起参加劳动，把一块块的石头搬走，又从别处挑来一担担的好土，硬是从石头堆里整修好大大小小 30 多块菜地，然后便种上大白菜。

临近 11 月，眼看大白菜就要收获了，师部决定要移驻涉县赤岸村。那地里待收的白菜怎么办？有的同志提议，辛辛苦苦半年多，

八路军战士进行农业生产仿真景观（陈列于八路军抗战史陈列馆第四展厅）

八路军战士开荒种地

应该统统带走，而邓小平却果断地决定：师部种的白菜，一棵也不带走，全部留给群众。

当年冬天，常乐村群众吃着又鲜又嫩的大白菜，一个个高兴地奔走相告：“从来没有见过这样好的军队啊！”

赤岸村后的山上有一条漳南渠，老百姓称它为“救命渠”。1942 年，涉县遭遇了长时间的干旱，群众的庄稼因为缺水面临着减产的危险。邓小平和刘伯承看到群众愁眉苦脸、庄稼打蔫歉收的状况，两人商量着决定把漳河水引上太行山，将旱地变成水浇田，尽快帮助根据地的老百姓解决用水问题。

1943 年 2 月 24 日，引水上山浇地的工程启动了。可是没多久日军进行大“扫荡”，这项引水上山工程只能暂停了下来。邓小平和刘伯承率领八路军粉碎日军的“扫荡”后，工程继续进行。到 1944 年，工程全部竣工。

修建完成的这条水渠宽 2.33 米、深 1.66 米，全长 15 公里，附近的赤岸、温村、会里等 8 个村受益，3 500 多亩旱地变为水浇田，每年增产粮食 35 万余公斤。

乡亲们自编歌谣称赞道：“水流南山头，吃饭不发愁。没有八路军，这水怎能流？”

如今，漳南渠延长到近 30 公里，受益村庄增加了近一倍。

邓小平在赤岸村居住期间，生活条件十分艰苦，但他从不搞特殊，经常与司令部、区党委机关的干部同吃一锅饭。每天吃的是红高粱和黑豆加野菜、树叶合蒸的菜窝，又黑又硬，同志们都风趣地称吃“砖头”。有几次，邓小平身体患病，炊事员提出给他另做一碗面汤，可是，邓小平都婉言谢绝了。他自觉坚持与群众同甘共苦，始终保持一个老八路的廉洁作风。

战争年代，邓小平常常说：“人民是一切的母亲。”这一件件小事，成为战争年代党群、军民鱼水关系的缩影，更是邓小平对人民深情挚爱的真实写照。也正因如此，邓小平才以其无与伦比的人格魅力，赢得了广大人民群众的崇敬和爱戴。

八路军小百科

邓小平分粮

1942 年至 1943 年，太行抗日根据地连续两年大旱，粮食歉收，当地军民生活陷入困境。第一二九师政治委员邓小平根据八路军总部指示，将战士的口粮由每人每天一斤减到九两，把节省下的粮食分给老百姓。

在繁忙的工作之余，邓小平总要亲自过问分粮的情况，要求同志们做到“秤平斗满”。一次，司务长给邓小平家小孩的奶娘发米，秤高了一点，司务长将秤绳向后抹了抹，准备倒米。这一细微的动作被邓小平看见了，他就走近前去仔细看秤星，一看多了半斤。邓小平说：“这是国家的小米，不是因为她是我孩子的奶妈就可以多一点。八路军要求官兵一致，谁也不能搞特殊化啊。”他边说边把秤盘里的米掬回半斤，在场的群众无不为之感动。

聂荣臻

“前有鲁智深，今有聂荣臻”

他是“新的鲁智深”

全民族抗战初期，毛泽东很关注聂荣臻领导下的晋察冀抗日根据地，并对他们取得的成绩予以多次称赞。毛泽东说：“中国有一部很著名的古典小说，叫作《水浒传》。《水浒传》写了鲁智深大闹五台山的故事，五台山就在晋察冀。”他接着风趣地说：“五台山，前有鲁智深，今有聂荣臻。聂荣臻就是新的鲁智深。”

1937 年 10 月 20 日，毛泽东发给八路军总部的电报中指出：敌占太原后，战局将起极大极快之变化，第一一五师等部和八路军总部有被敌隔断的危险。因此，拟作以下部署：留第一一五师独立团在恒山、五台山地区坚持游击战争，第一一五师主力转移到汾河以西吕梁山脉；总部应该转移至孝义、灵石地区。

根据毛泽东的指示，八路军总部决定，时任第一一五师副师长的聂荣臻留守五台山地区，创建晋察冀抗日根据地。

1937 年 11 月，在晋察冀根据地军民反敌“八路围攻”中，聂荣臻（左一）亲临前线指挥作战

晋察冀这个名称中，晋，就是山西省；察，是察哈尔省（旧省名，首府是张家口）；冀，就是河北省。晋察冀，指的就是这三个省交界的这一大片地方。这个地区的战略位置十分重要，它的核心区域位于平汉、平绥、正太、同蒲四条铁路之间。在这里建立抗日根据地，就像一把尖刀插向敌人的心脏，直接威胁敌人在华北的战略要地。

当时，八路军总部离第一一五师的师部很近，由朱德、彭德怀、任弼时当面告诉聂荣臻，要他留守五台山创建根据地。随他留下的部队除了第一一五师独立团，还有骑兵营、八路军总部特务团一部，加上其他一些小单位，总共 3 000 人。

对于聂荣臻和留守部队来说，这是一次重要的转折。在这以前，一直跟随大部队，从来没有分开过。可现在，他们要留在敌后，独当一面了。能不能生存下来？能不能立住脚？许多人心里是没底的。为了表达坚守敌后的决心和鼓舞大家的士气，聂荣臻在五台山上写下了两句话：“为保卫祖国而奋斗到底，誓与华北人民共存亡！”

1937 年 11 月 7 日，晋察冀军区在山西五台县的普济寺宣告成立，聂荣臻任军区司令员兼政治委员。11 月 18 日，聂荣臻率领军区领导机关抵达河北阜平县城。从此，这里就成了晋察冀抗日根据地的中心地区。

聂荣臻到达阜平的第六天，日军就集中了两万多兵力，沿平绥、

河北阜平县群众欢迎八路军

平汉、正太、同蒲四条铁路沿线，分八路围攻刚成立的晋察冀军区，妄图扑灭华北腹地的这股新生力量。

聂荣臻充分利用军区所属部队特点，战斗力强的老部队机动使用，新组建的游击队去袭扰敌人后方，破坏交通。一个月的时间里，聂荣臻指挥部队接连打了几个胜仗，毙伤日伪军 1 000 多人，敌人除占领儿座县城外，一无所获，最后只得于 12 月下旬全线撤退。这一胜利，极大地鼓舞了边区军民的斗志，并使边区扩展到 30 多个县，部队发展到两万余人。这算是晋察冀第一次真正意义上的反“扫荡”。这一胜利正式宣告八路军在晋察冀山区站住了脚跟。

五台山的抗日烽火逐渐向四周蔓延，北平和天津这样的大城市也感受到了。著名民主人士李公朴先生曾在他的著作中写道：英勇的指挥者聂荣臻将军签署的军区布告，居然贴到了恶魔和无耻的走狗所盘踞的北平城内外，使敌伪汉奸倒抽一口冷气。日本同盟社也发出电讯，惊呼：五台山岳地带为共产军在山西蠢动之策源地，更为向山西、绥远、京津诸地方实行赤化工作之根源。

1938 年 1 月，阜平迎来了有史以来最为盛大的活动——晋察冀边区军政民代表大会隆重开幕，大会用民主选举的办法，选举产生了晋察冀边区临时行政委员会，并宣布正式成立晋察冀边区政府。

抗日民主政权的成立，使老百姓有了靠山，也使得八路军坚

晋察冀边区第一届参议员合影

持敌后抗战有了依靠。可是，聂荣臻并不满足，他一直琢磨怎样尽快地向冀中和冀东平原地带扩展。

不久，在聂荣臻的谋划运筹下，又相继开辟了冀东、平西、平北根据地。随着北岳、冀中、冀东、平西、平北根据地的建成，晋察冀抗日根据地成为华北最大的根据地。

后来，晋察冀根据地的各项建设突飞猛进，人民抗日武装力量在战斗中成长壮大起来。除八路军外，根据地内还有数量众多的游击支队。对于聂荣臻来说，他这个司令员腰杆子越来越硬了。

到 1939 年年底，经过一系列的收编、改造，当地的各路杂牌武装基本上都销声匿迹了，晋察冀根据地的抗日力量，如滚雪球一般迅速壮大。晋察冀军区部队在中共中央的领导下，经过英勇卓绝的斗争，前赴后继，浴血奋战，为夺取抗日战争胜利付出了巨大的牺牲，作出了突出的贡献，成为敌后抗日根据地的模范。

八路军小百科

聂元帅与日本小姑娘

在百团大战第一阶段作战中，八路军战士冒着生命危险从战火中救出了两个失去父母的日本小姑娘。大的五六岁，小的尚在襁褓之中，身上还有伤。

聂荣臻知道后，立即叫前线部队把孩子送到他那里去。他对战士们说："虽然敌人残忍地杀害了我们无数同胞，但这两个孩子是无辜的，她们也是战争的受害者，一定要好好地照料。"

聂荣臻与日本小姑娘美穗子的合影

两个日本小姑娘很快被送到了指挥部。在指挥部停留的日子里，美穗子一直跟在聂荣臻身边，常常用手拽着他的裤腿，走到哪里跟到哪里。后来，两个小姑娘历经辗转被送回日本后，由亲友抚养长大。40年后，已经成为三个孩子母亲的美穗子和她的家人，专程前来中国看望聂荣臻元帅，感谢他的救命之恩。

罗荣桓

铁壁突围未损一兵一卒

零消耗零伤亡　智取战斗胜利

留田突围，是在罗荣桓的周密部署和指挥下，山东党政军机关数千人悄无声息地以零消耗、零伤亡跳出日军的重兵合围，由被动转为主动，扭转了极为危险的局面的一场战斗。此后，部队重新杀回沂蒙山区，隐蔽在日军部队间的接合部，寻找战机，并给日寇以沉重的打击。

1941 年冬天，日军调动了五万人马，对山东的沂蒙山抗日根据地进行了空前残酷的“大扫荡”。他们采用多路、多梯队“铁壁合围”的方法，一点点缩小包围圈。11 月 5 日，日军把包围圈核心锁定在青驼寺东北的留田一带。

此刻，第一一五师师部和中共山东分局、山东战时工作推行委员会共有 2 000 多人，正聚集在留田东南一个叫牛家沟的小村庄里。可是，马上能够参加战斗的只有第一一五师的一个特务营

1941 年，第一一五师一部在山东郓城县抗击日军

和山东分局的一个特务连。

敌人的脚步越来越近，到下午的时候，近的离留田只有三四公里远，远的也不超过五公里。担任警戒任务的第一一五师特务营副营长黄国忠看到情况紧急，忙赶往牛家沟汇报。

当时，师领导罗荣桓、朱瑞、陈光、萧华和陈士榘，还有司令部、政治部各部门负责人都挤在一间茅草屋，大家热烈地讨论着突围的方向。主持会议的罗荣桓正坐在炕上，面对着一幅军用地图埋头思考。

“情况紧急啦！”这是黄国忠进门的第一句话，“敌人分成 11 路在紧缩包围圈，各路人马离我们这里都在五公里以内。现在，外面的大路、小路、山谷、田野到处都是日本兵，还有坦克。”

“先坐下，正好一起讨论一下。”罗荣桓镇定地说，“形势的确非常严峻，我们现在已讨论个把钟头了。必须赶快决定，因为敌人正在逼近。总结一下刚才大家的意见，一共有三种：一是向东，过沂河、沭河，进入滨海根据地；二是向北，同山东纵队会合；三是向西，进入蒙山。”

“可为什么没人主张向南呢？”罗荣桓问道，“我知道，这是因为南面是临沂，是敌人的大本营。有报告说，日军中国派遣军总司令畑俊六就在那里坐镇，指挥着这次‘大扫荡’。”

他看了看地图，抬起头来，斩钉截铁地说：“但是我的意见，就是向南！”

罗荣桓话音未落，立即引起一片争论声。

“大家先静一下，让罗政治委员继续说。”陈光出面阻止了大家的争论。

“为什么要向临沂方向突围呢？”罗荣桓道，“大家稍微聚拢一下，来看地图。”

罗荣桓从地上捡起一段干树枝，指着地图说：“东面，沂河、沭河被敌人严密封锁，敌人预料到我们可能要到滨海，如果我们东去，很可能钻进敌人布下的口袋。北面，敌人正疯狂南压，而沂蒙北部控制在东北军第五十一军手里。此时，第五十一军同山东纵队搞摩擦。如果我们北上，很可能被夹击。西面，临沂至蒙阴的公路已经成为敌人戒备森严的封锁线，即使越过封锁线进入蒙山，那里也是敌人合围的目标。南面呢，虽然是敌人的大本营，但是敌人估计我们不敢向南前进，反而把兵力集中在前线，后方必定空虚。”

说到这里，一部分人开始点起头来。罗荣桓趁热打铁：“所以，我主张，先向南突围，跳出敌人的包围圈后转而向西，进入蒙山和鲁南的接合部，这个位置比较机动。”大家越琢磨越觉得这个判断合情合理。很快，有人先站出来表示同意，接着第二个，第三个……最终，大家一致同意了。

于是，罗荣桓具体安排行军路线，等大家把路线记清以后，他又详细交代了经过每一个地方要注意的事项。“这次行动，特务营的责任重大，所有战士的步枪一律压满子弹，上好刺刀，随时准备战斗。行军期间，所有人都不许说话，不许咳嗽，不许发出任何响声。现在准备，天黑后出发。”

太阳落山了，河滩上飘荡着雾霭，夜幕悄悄地垂下。守卫在留田周围山头上的战士们可以看到敌人点起的一堆堆篝火。人喊马嘶，此起彼伏。敌人看起来胜券在握，以为合围第一一五师师部的计划已经大功告成，只等天明发起总攻了。

此时，司令部等机关人员在河滩上集结完毕，就要出发了。罗荣桓大步走上前，询问担任警戒任务的是哪个班，检查大家的出发准备情况，并说道：“今晚的任务特别艰巨，这么多机关干部能不能安全跳出包围圈，就看你们的了！”

随后，罗荣桓带着作战科和侦察科的几位干部随着部队一起出发了。一开始，他没有骑马，而是从容地走着，仿佛不像是带着几千人去突围，而是去参加一次会议。大家看着他从容不迫的神态，紧张的心情顿时平静下来。

尖刀班走在队伍的最前面，不时派人回来向罗荣桓报告前面的敌情。队伍行进到政治部驻地张庄，守候在路边的政治部机关人员也加入到队伍中。

敌人的封锁线到了。两路敌人之间的距离只有一公里半。罗荣桓吩咐往后面传令：“成三路纵队快速前进。”队伍在敌人的缝隙中前进，宛如一条游龙，腾挪闪避，迂回穿插，一连越过三条大路，几次听到敌军的车马喧嚣，然而都巧妙地避开了。

到了高里，已是敌人后方，这里果然守备空虚。罗荣桓命令部队尽快折而向西，到护山庄（今埠山庄）宿营。

到护山庄时，天已经亮了。在村边就可以看到敌人的辎重部队源源北上。就在敌人鼻子底下，罗荣桓命令派出警戒，就地宿营。当大家和衣躺在草地上时，远方传来了隆隆炮声，对于劳累一天的八路军战士来说，这无疑是一首美妙的催眠曲。

这次突围，八路军未费一枪一弹，未损一兵一卒，便安全地跳出了五万敌寇的重重包围。

八路军小百科

一位德国记者的亲历讲述

留田突围中，一同参与转移的德国进步记者汉斯·希伯，在事后回忆道："这次突围的指挥是神奇的！阴险毒辣的日军，四面布网，想在留田合击消灭我们，而我们却自由从容地从敌人的缝隙之间钻了出去，住在敌人的隔壁。这是一场无声的战斗，我们一枪未发，就突破了敌人三道防线！敌人在封锁线上布置了巡逻兵，但是八路军的战士那样神勇，致使敌人的巡逻兵在刚要喊叫和射击的一刹那被匕首消灭了……畑俊六司令官这时候一定正在大发雷霆，训斥他的那些不争气的'饭桶'将军们：八路军主力一夜之间跑到哪里去了？我们的赫赫战果在哪里呢？那些日本军官重重包围、数万枪炮所指的，却原来是一堆堆黑色的岩石！这些'饭桶'将军们今天吃饭的时候，每人都应该给他们吃一道美味的菜——大鸭蛋！"

贺 龙

齐会战斗三昼夜，师长中了毒气弹

金戈铁马一生 负伤不下火线

贺龙元帅一生金戈铁马，但其戎马生涯中仅有一次负伤。那是在 1939 年 4 月，时任八路军第一二〇师师长的他，在带领第一二〇师主力在河北省中部地区的齐会村与日军华北方面军第二十七师团一部的战斗中身中毒气，但他并没有因此而退出战斗，而是继续指挥作战，最终赢得了胜利。这场战斗使我军取得了平原游击战中打歼灭战的经验，被誉为“抗战中平原歼灭战之典范”。

1939 年 4 月 20 日，日军第二十七师团的吉田大队 800 余人，伪军数十人，分乘 50 余辆汽车，携山炮两门，随带载满弹药、给养的大车 80 余辆，浩浩荡荡由沧州开向河间县城（今河间市），企图打八路军一个措手不及。

4 月 22 日下午，吉田大队拖着长长的队伍，出河间县城西门，转而北进，在傍晚到达城北的三十里铺。就在此时，第一二〇师

贺龙（前一）率第一二〇师主力到达冀中地区，受到人民群众的热烈欢迎

正在师部驻地大朱村开联欢大会，庆祝第一二〇师与冀中的八路军第三纵队合编，并进行整训动员。贺龙、关向应、周士第、甘泗淇等师部领导都悉数到场。

贺龙整整军装，摸摸浓密的胡子，首先站起来作动员报告。这时，侦察员气喘吁吁地跑来报告：吉田大队已经进驻三十里铺，离这里不到 15 公里。当即贺龙话头一转：“同志们，为了巩固和发展冀中抗日根据地，这三个月来，我们各部队并肩作战，密切配合，取得了一连串的胜利。同志们连续行军打仗，都很疲劳了，原本想让大家休息一下，但是敌人不让我们休息，现在已经送上门来了，怎么办呀？”

接着，他幽默地说：“既然敌人把礼物送上门，能不收吗？本来今天晚上叫战斗剧社给同志们演几个小戏，现在不演了，各部队立即带回，连夜做好战斗准备，听命令行动。我们要在冀中平原上打一个漂亮仗，等战斗胜利以后，再来开一次祝捷大会！”

他嘱咐指战员：“今天晚上大家辛苦一下，熬个夜，把工事修好，准备和敌人干，要注意防炮、防毒、防火（防止敌人烧房子）。”最后，他号召：“敌人来了，要狠狠地打，来多少，消灭多少！”部队还未带出现场，贺龙就召集旅、团领导研究作战计划，汇总各方面情报后，最后决定在齐会村歼灭敌人。

4 月 23 日一早，吉田大队在路上搜索了几个村子，见无情况，大队人马直奔齐会而来。

在齐会村防守的是第七一六团第三营。营长王祥发经验丰富，沉着老练。当日军进入火力射程之内时，王营长一声喊“打”，激烈的战斗开始了。

枪声一响，吉田立刻明白村里的八路军人数不少，当即命令炮兵猛烈射击，齐会村顿时火光冲天。战斗异常激烈，王祥发率部打退敌人三次冲锋和毒气攻击，在村沿战斗中消灭不少敌人，但自己伤亡也不少。潜伏在敌人侧背的第七一六团第一营加入战斗，于是形成了这样的态势：敌人包围着村庄，八路军又夹击着敌人，双方形成阵地对峙。

滚滚硝烟中，贺龙来到作战前线。他举起望远镜，观察着战斗情况。这时，齐会周边据点的敌人全部出动，企图救援吉田大队。贺龙早就料到这一状况，已部署部队分头阻击敌援军，使得吉田大队成为孤立之敌。

突然，日军向前线打过来几发毒气弹，有的就在贺龙附近爆炸了。大量的毒气马上散播开来。贺龙及其左右的参谋人员都中了毒，一时间头晕目眩，呼吸困难，泪流满面。卫生人员赶来救护，要贺龙立即离开。贺龙向他们摆摆手，又打了一个手势，要来一只蘸过水的口罩戴上，稍事休息，又继续指挥作战。

战斗一直打到第二天拂晓。敌人坚持不住，准备向南逃窜回

八路军战士在冀中齐会地区冒着日军施放的毒气坚持战斗

河间，即遭到埋伏在此处的第七一五团的猛烈打击。第七一六团又在后面紧追不舍，敌军只得向东逃进一个叫找子营的村庄。

贺龙下令独第一旅、第七一五团和第三团对吉田大队实施第二次包围，从三面展开围攻。第七一五团经过突击，将敌军逐出了找子营。敌军失去依托，在村东集结兵力，疯狂向南留路村发动进攻，企图夺路逃跑，遭到我军的顽强阻击。

日军夺路不成，不得已退到南留路与找子营之间的张家坟，修建工事，顽抗待援。黄昏时分，我合围部队发起进攻，将敌人压缩至张家坟的狭小地区。敌人像无头苍蝇，乱冲乱撞，始终逃不出八路军的包围圈。

贺龙来到南留路村阵地，在亲自观察了战场、了解了情况后，说："打了两天两夜，敌人死的死，伤的伤，剩下得不多了，又无弹药补充，战斗力已被极大削弱，全歼敌人的条件已经成熟了。"

然而，总攻前半小时，平原上大风骤起，沙尘飞扬，天空一片昏暗，伸手不见五指。敌人乘机偷偷向南突围被发现后，第七一五团马上尾随追击十余公里，歼灭残敌一部，剩下的 80 多个敌人，经沙河逃回了河间城。

齐会战斗是第一二〇师在冀中平原上进行的一次规模较大的作战，歼敌 700 余人，俘虏日军七名，吉田大队基本上全军覆灭。

为此，中共中央书记处专门致电贺龙：惊悉在此次河间战斗中，你亲临炮火，冲锋杀敌，致中毒负伤，其他指战员同志亦多中毒者，我们无限系念。尚望安心治疗，为革命保重。同时，请代中央向一切受伤指战员同志致亲切慰问之意。

齐会战斗后，蒋介石致贺龙的电报说：贺师长，贵恙至深系念。兹发医疗费 3 000 元，由总部承领转给，以资疗养，特电慰问，并祝健康。

八路军小百科

战斗篮球队

在我们的心目中，八路军一心抗敌打日军，但事实上在极其危险、残酷的战斗间隙，他们还组织了丰富多彩的文体活动。

1938 年年初，为了活跃部队的文化体育活动，在贺龙的支持下，第一二〇师篮球队成立了。在为球队起名字时，贺龙说："红军有过'战斗球队''战斗剧社'，八路军嘛，还是要战斗，就叫'战斗篮球队'吧。"一有时间，他就去观看球队练习和比赛，并和队员一起研究战术。队员们每到一处，只要条件允许，就打上几场球。没有球场，他们就找一块平地，向老百姓借几根木头和几块木板制成篮球架，光着脚、穿着短裤进行练习。贺龙非常关心队员，经常教育大家要正确对待输赢，树立良好的球风。

在比赛中，战斗篮球队以攻势凌厉、作风顽强而闻名，每当有战斗篮球队的比赛，球场四周就挤满了观众，为他们呐喊助威。

在抗日烽火中成长起来的战斗篮球队，随着第一二〇师转战华北抗日前线，并两次前往延安参加比赛，受到毛泽东主席和朱德总司令的亲切接见。

刘伯承

七亘村重叠设伏成经典

运用之妙　存乎一心

刘伯承被称为“军神”，他对兵法的运用可谓炉火纯青。最厉害的一次，三天内敢在同一地点两次伏击敌人，这一经典战例，创造了抗日战场上伏击战的传奇。让我们回到硝烟弥漫的战场，再次回味他用兵如神的风采。

1937年10月，日军侵占河北省石家庄后，为策应其山西北部地区作战，以第二十师团、第一〇九师团沿正太铁路西犯，企图夺取太原。

为打击进犯的日军，配合国民党军保卫忻口、太原，八路军第一二九师师长刘伯承奉命率师部及第三八六旅向娘子关东南敌之侧后挺进，一方面准备侧击向西进犯之敌，遏制敌人长驱直入的军事攻势，另一方面依靠广大群众，在敌后广泛开展游击战争，创建敌后抗日根据地。

10月22日至24日，八路军第三八六旅在长生口、石门村、马山村等地袭击日军连连获胜。但该旅第七七一团在七亘村遭日军袭击，伤亡30余人。

25日，刘伯承接到驻地国民党军汤恩伯的电话："你们的游击战不行了，还是撤吧！"刘伯承放下电话，对师部的参谋们说："游击战行不行，打给他们看看。"

刘伯承认真察看地图，判断日军为了切实控制正太路南的平行大道，必然加紧从井陉至平定的小路运兵运粮。七亘村是日军必经之地，可以在这里打上一仗，钳制日军的迂回进攻，掩护娘子关的友军。

"日军一定经七亘村向前方运送军需物资，送到嘴的狗肉，一定把它吃掉。"讲到这里，刘伯承拿起铅笔，在"七亘村"三个字周围果断地画了一个红圈，"就在这里设伏！"

但七亘村地形如何，适不适合打伏击，还需要到现场看看。10月25日午饭后，刘伯承亲自前往七亘村附近察看地形。他选好一处高地，举起望远镜仔细观察，并不时地让参谋在地图上标出要点。

七亘村位于太行山脉中段。该村东邻平定县的甲南峪、东石门村，直通河北省井陉县的测鱼镇，西邻改道庙、营庄，直达平定县城。从井陉至平定的山中小道刚好从村边经过。小道宽不足2米，路北是几十米深的山沟，路南边是高约10米的土坎，地势非常险要。

回到师部后，刘伯承命令第三八六旅第七七二团到平定县东七亘村以南的山区，准备伏击可能由测鱼镇向西进犯的日军。

26 日上午 9 时，伏击部队放过先头 100 名日军警戒部队，待敌辎重部队进入伏击区、后方掩护部队尚未跟进时，居高临下发起突然袭击。日军遇袭后猝不及防，死伤一片，各类军用物资把狭窄的山道堵得严严实实，兵力无法展开。我军随即冲进敌群展

七亘村战斗旧址

开肉搏战，采用拦头、截腰、堵尾的战法，把敌人截成三段。日军辎重部队进退两难、无路可逃，在狭窄山路上自相践踏。

激战至 11 时许，日军除一部掩护部队和辎重骡马逃回测鱼镇外，大部被歼。此战共击毙日军 300 余人，缴获骡马 300 余匹和大批军用物资，八路军仅伤亡 10 余人。

战斗期间，八路军得到了当地人民群众的大力支援。平定县城的中学生组成的战地服务团，冒着枪林弹雨开展紧张的战地服务。附近的民兵和群众也赶来助战。

战斗结束后，战利品堆积如山，战士、群众像过年似的，乐得合不上嘴。

第一次七亘村伏击战胜利后，我军本应迅速撤离，另寻战机。刘伯承却分析指出，日军第二十师团正向平定进犯，急需军用物资，在他们打通正太路以前，仍然只能走七亘村。同时，敌指挥官熟悉中国古代兵法，对“兵无常势，水无常形”“不得遵常”等条文也有了解，很容易得出我军不会在此地二次设伏的判断。基于以上情况和分析，刘伯承对“用兵之法，贵在不复”的兵家常理反其道而行之，在七亘村再次设伏。

为了迷惑日军，当 27 日日军派兵到七亘村来收尸时，刘伯承故意让第七七二团主力当着日军的面佯装撤退，造成七亘村无兵把守的假象。实际上，八路军绕了一圈又返了回来，将伏击点改在第一次伏击地点的西侧。

果不出刘伯承所料，28 日拂晓，日军辎重部队在 300 多名步

第一二九师在开辟晋冀鲁豫根据地期间，朱德（右）与刘伯承（中）、邓小平（左）在研究作战计划

兵和一个骑兵连的掩护下，向七亘村方向开来。上午，日军进入八路军伏击地区。日军虽十分狂妄，但毕竟吃过亏，一路上加强了搜索警戒，遇有可疑处便发炮轰击。走到七亘村附近时，更加小心翼翼，朝村里村外进行了反复的炮击。

第七七二团第三营的指战员们隐蔽在灌木、草丛中，沉着镇定，不发一枪。

11 时许，待敌人辎重部队进入伏击圈时，第三营突然发起猛烈冲击，随后与敌人展开白刃格斗。日军被打得人仰马翻，损失兵力 100 余名、骡马数十匹，我军仅伤亡 20 余人。

古人云：运用之妙，存乎一心。七亘村伏击战，胜在一个“妙”，胜在一个“奇”。三天之内，在同一地点，刘伯承两次伏击日军，不仅有力打击了日军的嚣张气焰，支援了忻口会战正面战场，也彰显了中国共产党领导的八路军的抗战决心和意志。八路军不怕死的顽强战斗作风，迅速在太行山群众中传为美谈，为建立太行山抗日根据地奠定了重要基础。

八路军小百科

火车也是可以推的

1937 年 10 月初，刘伯承率领第一二九师先遣队渡过黄河，来到山西侯马，准备乘坐火车开赴抗日前线。

刘伯承坐在第一节车厢里，靠前指挥。按照他的指示，从车头到车尾都拉上了电话线，而且设置复线，确保指挥畅通。一路上，他一直在思考如何让部队尽快转变到游击战争的轨道上来。思索间，刘伯承忽然感受到火车渐渐慢了下来，最后竟然停了下来。

他赶紧让人询问，原来是水箱漏了，水箱没了水，火车自然就没法儿开了。当时，同蒲铁路上的列车大多被调走了，这趟列车也是好不容易调过来的。然而，前线军情紧急，一刻也不能耽误。

考虑了一会儿，他有了一个主意：“俗话说，牛皮不是吹的，火车不是推的。我们今天硬是要推一推火车哟。”

刘伯承调来一些战士，先将火车头推到离汾河较近的地段。他们将水箱灌满水，接着押着车头开往前边的车站，在那里调换一个车头，最后再返回原地把部队接走。

终于，列车载着第一二九师先遣队的战士们，一路呼啸着，重新向前线疾驶而去。

徐向前

越是硬仗越向前

敌后游击战的典范

1938 年 2 月，八路军第一二九师进入太行山区后，在井陉长生口、潞城神头岭、涉县响堂铺连续对日军交通线进行了三次伏击，史称“三战三捷”。这三次伏击，为开辟太行根据地创造了条件。而响堂铺伏击战，在战术上更是成为八路军敌后游击战的典范。这次伏击战的指挥者就是徐向前。

1938 年 3 月，侵入晋南、晋西的日军，为了确保后方“安定”，四处寻找八路军主力决战。邯（郸）长（治）大道是敌人的交通要道，敌人的运输车辆每天往返于此。

为了寻机消灭敌人，第一二九师师长刘伯承、政治委员邓小平决定在邯（郸）长（治）大道上东阳关和涉县之间的响堂铺一带组织一次伏击。这里的地形比较理想，公路几乎就是一条小河的河滩，碎石满地，汽车不便行驶。路南是高山，多悬崖峭壁，路北为起伏高地，利于隐蔽。在这里伏击，兵力好展开，进退两便。

3月21日，刘伯承到八路军总部开会，决定伏击战由副师长徐向前指挥。徐向前召集干部会议，确定具体作战部署。各部队接受任务后，抓紧时间进行思想动员。当时，大多数指战员没有见过敌人的运输汽车，于是有针对性地进行了如何打汽车运输队的战前教育。

3月30日午夜，部队准时进入伏击地域。整个设伏阵地，多是背阴面，坑坑洼洼里积雪刚刚融化，到夜间又结冻了一层冰，战士们忍受着寒冷，一动不动地隐蔽着。徐向前的指挥所设在响堂铺路北的山坡上。他守着电话机，准备随时处理可能出现的意外情况。

31日晨，部队依然在隐蔽待伏，公路上只有三五辆汽车开过去，仍然不见汽车大队的影子。部队上下都在焦急等待着。突然一阵急促的电话铃声，指挥所里立刻紧张起来。电话是第三八六旅旅长陈赓向徐向前报告最新情况："第七七二团报告，东阳关之敌200余人进至马家峪；长宁东南高地有敌骑兵，向我侧后运动。"前线指挥官担心，敌人可能发现了我们的设伏行动，企图从右翼侧击，从而截断我军后路。由此请示徐向前："是不是把部队撤回来？"

徐向前端坐在小方桌前没有说话，略微思索了一会儿，起身对邓小平说："我看先不忙撤退，进一步核实一下敌情再说。"

邓小平点点头："好！就按你的意见办。"

于是，徐向前立即拿起电话对陈赓说："没有我的命令，原

响堂铺旧址

计划不得变更，部队不能动，要严密埋伏，不得暴露。情况先不要向下传。”

下达了命令以后，徐向前又派出参谋人员亲自到东阳关和苏家蛟方向去探听虚实，并反复叮嘱他们，一定要把情况搞确实，快去快回。大约两个小时，侦察参谋返回指挥部。他们已经把具体情况搞清楚：原来看到的“敌骑兵”实际上是几头驮着重物的驴子，由老百姓赶着向北去了。

情况搞准了，大家心中有数了，部队的情绪稳住了。

上午9时许，日军的两个汽车中队180辆汽车，由黎城经东阳关，向响堂铺路段开来。汽车开到碎石路上，只能缓慢地前进。不一会儿，车队的先头进入设伏阵地。第七七一团指战员按照徐向前的要求，沉住气，一辆一辆地数着通过的汽车。

当敌车队的先头一辆车进到小河底，最后一辆车也进入伏击区时，徐向前及时发出了攻击命令，两个团同时突然向敌开火。步枪、机枪、迫击炮顷刻间一齐开火，暴雨般地射向敌车队。毫无戒备的日军被这突如其来的猛烈打击打得蒙头转向、惊慌失措，汽车在山沟里像没头苍蝇一样乱冲乱撞，整个行军队形失去控制，混乱不堪。有的敌人在汽车上还来不及把迫击炮、机关枪架起来，就被火力消灭了。有的敌人躲到汽车底下妄图顽抗，立即被我方火力压制得抬不起头来。

就在敌人受到火力突袭、毫无还手之力之时，徐向前果断抓住战机，一声令下：向残敌发起冲击。埋伏了一夜的八路军战士，犹如猛虎下山一样冲入敌阵。经过两个多小时的激战，共毙伤日军170多名。车辆燃烧的火焰浓烟遮天蔽日，直冲云霄，敌人的死尸东倒西歪，满沟遍野。

伏击战打响后，西边黎城及东阳关敌步兵、骑兵300余人，前来实施增援，企图解响堂铺被伏敌人之围，但当敌人接近响堂铺之前，就被预先设伏的第七七二团击溃。东边涉县的敌军400余人，乘汽车倾巢出援，也被第七六九团在椿树岭以东打退。下午4时许，敌人出动飞机10多架，飞到响堂铺上空轰炸，但此时

响堂铺战斗中缴获的日军汽车残骸

八路军早已打扫完战场撤离。

黄昏时分，徐向前、邓小平回到师后方指挥部，刘伯承笑着迎上去，说：“我们刚一分开，你们就打胜仗啊！”

随后，徐向前谈起来这次战况时说，400 多个鬼子被打死。这次我们炸毁的汽车，加上椿树岭打援时击毁的那一辆，一共是 181 辆。刘伯承称赞道：“这次战斗击毁汽车 181 辆，可是破天荒头一回！向前不减当年之勇啊！”

1985 年，时任中共中央军委副主席的徐向前元帅已 80 多岁高龄，他回忆起这段战事，写下了《忆响堂铺之战兼贺抗战胜利 40 周年》这样雄浑激昂的诗句：

巍巍太行起狼烟，
黎涉路隘隐弓弦。
龙腾虎跃杀声震，
狼奔豕突敌胆寒。
扑天火龙吞残虏，
动地军歌唱凯旋。
弹指一去四十载，
喜看春意在人间。

八路军小百科

创办晋冀豫军政学校

1937 年 11 月 8 日，太原失陷，八路军第一二九师遵照上级指示，转战晋东南，准备长期坚持游击战争。

作为师领导的徐向前夜以继日地投入宣传群众、组织群众的工作中，不断武装群众，扩大抗日力量。在他的指导下，各地区的游击队发展很快，担负放哨、警戒、打击日寇的任务。

随着游击队的大规模建立，干部紧缺的情况日益突出。针对这一点，徐向前提出可以组织速成干部训练班，训练七天至十天不等，让他们学习和掌握如何开展游击战争。1937 年 12 月，在徐向前的建议和主持下，晋冀豫军政学校正式开学，400 多名农民、工人、学生出身的学员，集中在辽县大营盘内，接受军事训练。徐向前亲自授课，讲授游击队的组织与任务、游击队的行动纲领、游击队战术与侦察、与大部队配合作战等内容。

这所学校曾引起日本人的注意，电台还发了消息称：在山西南方某处，办了一所“共产学校”。晋冀豫军政学校创办之后，为当地培养了大批游击队骨干，为晋东南抗日游击武装发展和根据地建设贡献了力量。

第四部分

缅怀先烈
致敬英雄

八路军太行纪念馆

在波澜壮阔的中国人民抗日战争中，千千万万的八路军将士抛头颅、洒热血，奏响了一曲曲气壮山河的抗击日本侵略者的英雄凯歌，用生命和鲜血谱写了一首首感天动地的反抗外来侵略的壮丽史诗。

在这些八路军英烈身上，充分展现了“天下兴亡，匹夫有责”的爱国情怀。面对民族生死存亡，全体八路军将士挺身而出，争先投入保家卫国的伟大斗争之中，形成了人民战争的汪洋大海，谱写了惊天地、泣鬼神的爱国主义篇章。

在这些八路军英烈身上，充分展现了视死如归、宁死不屈的民族气节。面对侵略者的屠刀，八路军将士用血肉之躯筑起新的长城，人人抱定必死之心。成千上万的英雄们，在侵略者的炮火中奋勇前进，彰显出中华民族威武不能屈的浩然正气。

在这些八路军英烈身上，充分展现了不畏强暴、血战到底的英雄气概。全民族抗战爆发以后，面对强敌的一次次“扫荡”“蚕食”，八路军将士前仆后继，顽强抗争，誓与侵略者血战到底，奏响了无数气壮山河的英雄凯歌。

在这些八路军英烈身上，充分展现了百折不挠、坚韧不拔的必胜信念。在全民族抗战时期，无论条件多么艰苦，无论战争多么残酷，无论牺牲多么巨大，八路军将士抱定了抗战到底的信念，终于打败了凶恶的侵略者，赢得了战争的最后胜利，创造了人类战争史上的一个奇迹。

攻如猛虎　守如泰山

叶成焕

一个很好的布尔什维克

刘伯承曾在追悼大会上悲痛地说：叶成焕等烈士的死，是光荣的死，永垂不朽的死。这种光荣是怎么得来的呢？像叶团长，他原来不过是一个种庄稼的农民，如果鄂豫皖不闹革命，他最多是在贫穷的日子里熬死。革命爆发了，叶成焕觉悟了，参加了革命。在以后的战斗中，党培养了他。他没有辜负党的教育，进步了，发展了，终于成为一个很好的布尔什维克！

1938年4月18日，八路军总司令朱德专程赶到山西省榆社县郝北村，为一位烈士送行。当这位烈士的灵柩缓缓放入墓穴中，八路军第一二九师师长刘伯承、副师长徐向前、政治委员邓小平和第三八六旅旅长陈赓等依次铲起一锹锹黄土，垒起了一座新坟。这位烈士就是叶成焕。

叶成焕，河南新县人，出身于贫苦农民家庭。15岁参加革命，

叶成焕（1914—1938）

同年加入中国共产党。16 岁参加红军，任过通讯员、指导员、营教导员、团政治委员、师长、师政治委员等职，在红军长征途中，他率领部队克服了重重险阻，屡立战功。

全民族抗日战争爆发后，叶成焕任八路军第一二九师第三八六旅第七七二团团长。他所指挥的第七七二团，在七亘村战斗中歼灭了数百个敌人，在黄岩底保卫战中杀伤敌数百人，在响堂铺战斗中截击敌人汽车 180 余辆……每一次战斗都取得了辉煌的战果，为第一二九师在全民族抗战初期取得的“三战三捷”作出了重大贡献。百姓赞誉其“攻如猛虎，守如泰山，百战百胜，七七二团”。

1938 年 4 月初，日军纠集了三万人的重兵，分九路向晋东南大举围攻。为了粉碎敌人的围攻，第一二九师主力部队迎敌而战。

战前，鉴于叶成焕同志的优秀表现，组织上准备让他担任第三八六旅副旅长。当时他正患肺病，已数日没有吃饭。旅长陈赓决定不让他参加这次战斗，对他说：“现在就派人送你到后方休息。”叶成焕一听就急了，说：“还是让我打了这一仗再走吧。”陈赓见他态度坚决，只好同意，同时一再嘱咐，如果体力不支就撤下来。第七七二团的战士们得知叶团长带病亲临前线指挥作战，备受鼓舞。

4 月 15 日，侵占武乡县城的日军 3 000 余人，沿浊漳河东撤。根据战前部署，叶成焕率第七七二团等部沿浊漳河岸山地实施追击。

16 日清晨，叶成焕率第七七二团行进到浊漳河南岸的南窑科、大小牛家庄时，发现巩家垴有敌侧

八路军小百科

叶成焕穿过的草鞋

叶成焕牺牲后，在为他整理遗容时，长乐村的民兵董来旺看见叶团长还穿着一双破旧的草鞋，赶忙找来一双布鞋给他换上，并把这双草鞋保存下来。

1971 年，武乡县委办公室副主任李彦南征集到了叶成焕牺牲时穿的这双草鞋，在武乡革命纪念馆陈展。1999 年 5 月，经国家一级文物专家鉴定组专家鉴定，这双鞋被评为国家一级文物。现展陈于八路军抗战史陈列馆第二展厅。

长乐战斗旧址

翼警戒队四五百人，他立即命令部队停止前进，隐蔽起来，故意放这股敌人继续东进。这时，敌先头部队已过长乐村，辎重和后卫部队尚在后面，与前面部队脱节，处于孤立状态。

袭击机会稍纵即逝，根据上级命令，叶成焕不待同行的第六八九团到来，即令第七七二团的两个营迅速占领了浊漳河北岸高地。当敌辎重部队正沿大道源源不断向东行进时，第七七二团立即向日军开火。

长乐村急袭战打响了。

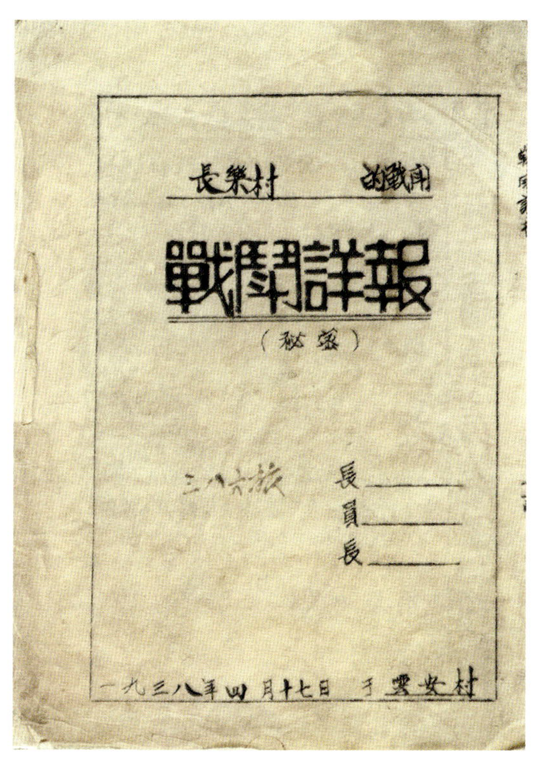

長樂村 的戰鬥

戰鬥詳報

（秘密）

三八六旅 長

員

長

一九三八年四月十七日 于 [illegible]安村

长乐村战斗详报

八路军战士从山头上、山谷地，甚至从几丈高的陡坡上，排山倒海般扑向敌人。此时，第七七一团也赶到浊漳河南岸一带高地，由南向北展开突击。河谷里的 1 500 余名日军部队被截为数段，成为瓮中之鳖。

战斗进行到当天下午 3 时，前方指挥部得到报告：有 3 000 余名敌人赶来增援，企图解救被围之敌，于是全线战斗更加激烈。战至下午 5 时，辽县方向又有千余敌人向长乐村增援，反复向第七七二团阵地实行突击。在此情况下，师长刘伯承认为消灭该敌已无把握，巩固胜利成果成为必要，决定用少数兵力在前线布下游击网，牵制、迷惑敌人，主力部队立即撤出战斗。

长乐村急袭战中，毙伤日军 2 200 余人，缴获步枪、马枪 100 余支和大批军用物资。

接到撤离命令后，叶成焕一面指挥部队打扫战场，迅速撤离，一面跑上一个高坡，观察敌人增援部队的情况，完全把自己的安危置之度外。

“团长，你站在高坡上危险，赶快撤吧！”通讯员提醒他说。

“等一等再走，我这儿看得清楚。”他没有动。

走在部队后边的第八连连长尤太忠看他还站在那儿，就走过来说：“团长，跟我们一块儿撤吧！”

“你们先走，我马上就走。”他还是没有动。

突然，一颗子弹射中了他的头部。当战士们抬着他后撤时，他留下的最后一句话是：“队伍，队伍呢？”

刘伯承师长听到这个消息后，三步并作两步赶来。见到担架上的叶成焕，他俯下身子颤抖着将他抱了起来，连声呼唤：“成焕哪，成焕哪……”热泪顺着他的脸颊滚落下来。

由于伤势过重，经抢救无效，叶成焕壮烈牺牲了。青山埋忠骨，英名日月辉。人民将永远不会忘记这位年轻而又英勇善战的八路军指挥员。

2009 年，叶成焕入选“100 位为新中国成立作出突出贡献的英雄模范人物”。

“模范青年团”团长

丁思林

短暂而辉煌的一生

他牺牲后，邓小平曾在《新华日报》上专门撰文悼念，称颂他“不仅是一个英勇顽强、机动灵活的好的指导员……同时他还富有青年的突击精神，勇于任事、不怕困难、奋勉前进的特质”。他就是被称为“模范青年团”的八路军第一二九师第三八六旅新一团的团长丁思林。

丁思林，1913年4月出生在湖北省黄安（今红安）县丁家岗。1932年5月，一直渴望参加革命的丁思林毅然参加了红军，次年，加入中国共产党。在红军历任战士、班长、排长、连长、团参谋长、团长。他善于指挥打夜战，在鄂豫皖地区反“围剿”、挺进川陕、长征的路上打了很多胜仗，先后六次负伤。

1937年9月初，丁思林所在的团改编为八路军第一二九师第三八六旅第七七二团第一营，他任第一营营长。在抗日前线，无

丁思林（1913—1939）

论是在神头岭、响堂铺还是在长乐村、香城固等著名的战斗中，都留下了他成长的足迹。1938 年 8 月 1 日，第三八六旅组建新一团。9 月 3 日，丁思林就任新一团团长。

1939 年 2 月上旬，“扫荡”冀南的敌军在占据巨鹿、广宗、威县、临县、武邑等城后，以主力部队开始向枣强、冀州（今衡水市冀州区）合击，仅以一部分兵力守备其已占城镇和维持后方补给线。得到这一情报后，新一团在丁思林团长的带领下，连续袭击威县、曲周等县城，有意激怒日寇，诱其出城。在袭扰曲周驻敌时，丁思林巧妙地施行“隐身术”“化装术”，组织新一团官兵混在出城种地的农民中进入城内，等到夜深人静时，炸毁敌人的弹药库，烧掉敌人的给养，向敌人的司令部大院投掷手榴弹。

每次行动时，丁思林都嘱咐战士们：带上布告，贴到敌人的鼻子底下，让他们吃不香，睡不着。这样一来，曲周城内的日军惶惶不可终日。

经过这一番“折腾”，第三八六旅旅长陈赓认为，敌人有出城报复的动向，现在诱敌于伏击阵地歼灭的时机已成熟。于是，就拟订了布置圈套、引敌就范于曲周县香城固村的伏击战方案，并下达到了各团。

2 月 10 日，被激怒了的威县敌军果然中计，抽调第十师团第四十联队一部，派出汽车九辆，运载一个加强步兵中队，向威县以南进犯。12 时许，这股敌军行进至南草厂附近，遭到埋伏在那里的八路军骑兵连的突然袭击。骑兵连随即向后撤退，敌人紧追不舍，敌军的汽车一辆接一辆地钻进了“口袋”。

当日军的九辆汽车全部到达香城固村北街口伏击圈时，埋伏在那里的第六八八团立即给敌人以迎头痛击,击毁了头一辆汽车。紧接着，各参战部队一齐开火，猛烈堵击、侧击敌人，敌人掉头向威县逃窜。

而这一面正是伏击圈的入口，地势低，无法预先构筑隐蔽工事，也无法事先设伏。旅部命令新一团立即向北行进，扎住这个“袋口”。丁思林把手一挥，喊道：“同志们，我们一定堵住敌人，不让一个跑掉！”全团战士冒着密集的子弹，如一只只猛虎，从西北方向冲上坡冈，向敌人猛烈射击，截断了敌人的唯一退路，将其围在凹形洼地，敌人成了“瓮中之鳖”。

这时，敌人像热锅上的蚂蚁在“口袋”内乱爬。聚歼的时机成熟了。指挥所的冲锋号一响，丁思林率先跃出阵地，端着刺刀，冲向敌人。阵地上，到处是日军的尸体，伴随着绝望的号叫，一辆辆被毁的汽车在烈火中燃烧着。

直到深夜，安田中队和第四十联队补充大队被全部歼灭，我军共消灭安田中队长麾下官兵250余名，生俘8名，毁掉汽车9辆，缴获各种火炮3门，长短枪10余支，弹药一批，从而粉碎了敌寇东西夹击、破坏冀南根据地的阴谋。

在这次战斗中，丁思林表现出了他的英勇顽强和灵活机智，新一团也被朱德总司令赞誉为“模范青年团”，后又被八路军前

香城固战斗中缴获的日军山炮和炮弹

方总部授予“朱德青年团”的光荣称号。

1939 年 7 月初，敌第一〇九师团第一〇七联队 3 000 多人进至晋东南榆社县云簇镇，准备对根据地展开“扫荡”。为了给敌人以沉重打击，丁思林和新一团的战士们与敌军在云簇附近的新庄、高庄、桃阳、乔家沟一带激战。

7 月 8 日上午 8 时至 12 时，暴雨倾盆，弹雨横飞。丁思林带领新一团在西周村的高山上，没有休息，没有吃饭，同敌人激战了两天。战斗快要结束时，大家请求：“团长，这次你先撤，我们掩护！”丁思林瞥了一眼：“少啰唆，老规矩，你们先下去，我和第一连第一班留下掩护。”

正在这时，日军猛攻了上来。他从战士手中夺过机枪，一边射击一边说：“狠狠地打，不要让敌人占半点便宜！”

敌人被雨点般的子弹压退了，丁思林高大的身子立起来。就在这时，敌人集中轻机枪扫射过来，一颗子弹击中了他的头部，年轻的丁思林紧紧抓着驳壳枪，倒在了血泊之中……

丁思林牺牲了，但这次战役却成功地在榆社、武乡一带阻滞了东进的日寇主力，稳定了白（圭）晋（城）公路北段的战局。至 8 月下旬，在这次反“扫荡”中，八路军共进行大小战斗 70 余次，歼灭日、伪军 2 000 余人，收复榆社、武乡、沁源、高平等县城，粉碎了日军聚歼八路军主力的企图。

八路军小百科

心永远是红的

1937年8月下旬，中国共产党以民族大义为重，将在陕甘宁边区的红军主力改编为国民革命军第八路军。9月初，丁思林所在的红军第九十三师第二七一团被改编为八路军第一二九师第三八六旅第七七二团第一营，丁思林由第二七一团团长改任第一营营长。

举行抗日誓师大会的当天，大雨如注。丁思林站在第一营全体官兵的排头，听完刘伯承师长关于红军改编的动员讲话后，心潮翻滚，泪流满面。换青天白日帽徽时，他把和自己一起浴血奋战了五年多的红军帽摸了又摸。然后，用油布将红星帽徽小心包好，珍藏在怀里。

会后，他对全营官兵深情地说："我们是党培育的红军战士，党要我们怎么做我们就怎么做，无论换什么帽徽，我们的心永远是红的，永远和劳苦大众站在一起……"

伟大的国际友人

白求恩

毫不利己　专门利人

白求恩，著名的国际主义战士。抗日战争时期，他不远万里来到中国，支援中国的抗日战争。他因抢救八路军伤员时感染中毒，于 1939 年 11 月 12 日病逝。同年 12 月，毛泽东发表了《纪念白求恩》一文，高度评价白求恩伟大的国际主义精神，赞扬他对中国抗日战争和世界反法西斯战争所作的贡献。白求恩毫不利己、专门利人和对工作极端负责任、对同志和人民极端热忱的崇高精神，成为中国一代又一代共产党人和人民群众学习的榜样。

白求恩，全名亨利·诺尔曼·白求恩，加拿大共产党员，国际主义战士，著名胸外科医师。他出生在加拿大的安大略省格雷文赫斯特。1935 年加入加拿大共产党，1936 年至 1937 年他到西班牙作为支持国际反法西斯志愿者投身西班牙内战。

1938 年 1 月 8 日，白求恩受加拿大和美国共产党的派遣，自

亨利·诺尔曼·白求恩（1890—1939）

加拿大温哥华港启程来华，支援中国人民的抗日战争。白求恩对前来接待他的周恩来说：“我来中国是要到前线工作的，现在抗战形势紧迫，请您尽快安排我到前线去。”周恩来考虑到从延安去晋察冀更安全些，就建议白求恩一行先北上延安再前往前线。

到达延安后，白求恩在八路军卫生部顾问马海德医生的陪同下视察了延安的医院和卫生学校。马海德真诚地向白求恩表示这里的人们需要他，并为了他个人的安全，希望他能留在延安。白求恩说：“我不是为生活享受而来的。什么热咖啡、嫩牛肉、软绵的钢丝床，这些东西我早就有了！但为了理想，我都抛弃了！需要特别照顾的是伤员，而不是我。”面对倔强的白求恩，卫生

白求恩从延安东渡黄河，奔赴华北抗日前线

部的同志只好报请中央批准，同意他去晋察冀前线。

他到达晋察冀边区后方医院后，连续工作四个星期，治愈147名伤病员。从此，哪里有伤员，白求恩就出现在哪里。在晋察冀军区的四个月里，白求恩做手术315次，建立手术室和包扎所13处，救治伤员1 000多名。

1938年9月，聂荣臻（前排左三）、白求恩（前排左四）等在山西省五台县松岩口模范医院开诊典礼后合影

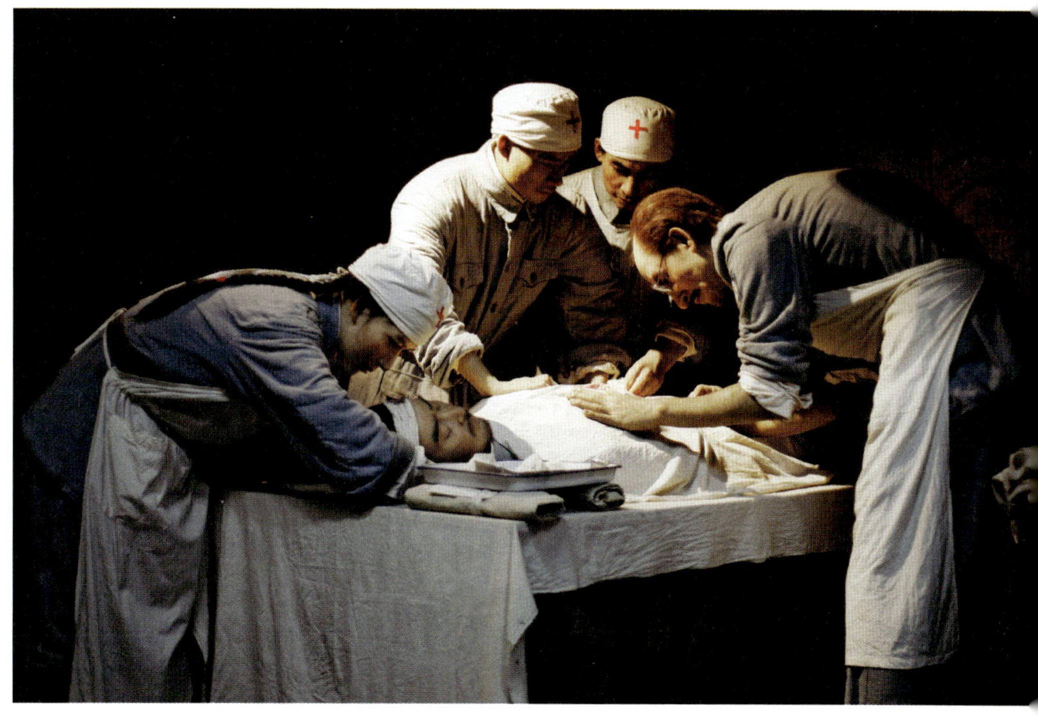

白求恩在战地手术室工作场景（陈列于八路军抗战史陈列馆第五展厅）

在来中国之前，远在纽约的国际援华委员会答应定期向中国提供必要的物资和资金。但白求恩一行来中国后，援助却迟迟不见踪影，他发出的所有求助信件也都石沉大海。为此，白求恩决定回国一趟，主要是为了筹措资金、补充药品和休养身体。

然而，1939 年 10 月底，驻华日军调集重兵，配以飞机、大炮和装甲车，对北岳区发动了大规模的冬季“大扫荡”。白求恩得知这一消息，决定推迟回国计划。

10 月下旬，白求恩带领临时组成的医疗队赶赴前线，救治伤员。医疗队赶到距离前线 3.5 公里的涞源县孙家庄，将手术室设在村外的小庙里。伤员被一个接一个抬上手术台，手术之后又一个接一个被转送到后方。当最后一个受伤的战士被抬上手术台时已经是第二天了。当时杂乱的枪声已经到了村边，受伤的战士恳求白求恩大夫：“不要管我，你快走吧！”白求恩却坚决地说：“不，我的孩子，谁也没有权利将你留下，你是我们的同志！”

为了加快手术进度，白求恩把左手中指伸进伤口掏取碎骨，却不小心扎破手指。他将手指简单包扎后，又继续手术，直到缝完最后一针才随着担架队离开孙家庄。

次日，他手指的伤口就发炎了，他忍着肿胀和剧痛继续救治伤员。11 月 1 日，白求恩准备转移时，从前线送来一名颈部患丹毒合并蜂窝组织炎的伤员，这属于外科烈性传染病，他在明知有极大风险的情况下仍坚持要为伤员做手术。不料就在为伤员做手术时,他的手套被手术刀划破了,左手中指受伤处再次被病毒侵袭，受到致命的第二次感染。

此后的几天里，他不顾战友的劝阻，继续摇摇晃晃地骑在马背上，往来于前线，辗转于后方，从事巡视工作，不停地为伤员做手术。无情的病毒侵蚀着白求恩的血液,高烧像火一样炙烤着他。其间，白求恩的手指感染加重，肿胀得比平时大两倍，但他却说：“不要担心，我还照样可以工作。”

11 月 7 日，黄土岭战斗打响时，白求恩的病情已日趋严重，肘关节下发生转移性脓肿。他由两名护士搀扶着，坚持为伤员做初步疗伤。11 月 8 日，白求恩冒着严寒，赶到前线王家庄。这时，他仍叫通讯员通知各战斗部队，把伤员都送到这里来，并说：“凡是头部、胸部有伤的伤员要首先抬来治，即使我睡着了，也要把我叫起来。”

11 月 10 日，白求恩高烧不退，晋察冀军区司令员聂荣臻命令要不惜一切代价把他安全转移出来。医疗队采取了一切紧急措施和外科处理办法，但他的病情仍不见好转。

白求恩病重的消息，牵动了晋察冀边区每个知情人的心。村民送来了自家舍不得吃的上等的红枣、柿子，路过的八路军战士隔窗献上了特有的军礼……

护送白求恩的担架到达距离后方医院十几里的唐县黄石口村时，白求恩已感觉到了自己的生命面临危险，他坚决要求抬担架的战士停下来，平静地说：“我已经不单是胳膊里的问题了，我的血液被病毒感染，得了脓毒败血症，没有办法了……”

在生命弥留之际，白求恩顽强地坐起来，用颤抖的手给聂荣臻和翻译朗林分别写了一封长信，让聂荣臻转告加拿大共产党书记、国际援华委员会、加拿大和平联盟：“告诉他们我在这里十分快乐，我唯一的希望就是能够多有贡献。”

11 月 12 日，白求恩去世了，他的战友、他的病人，所有认识他、听说过他的人都悲痛万分。聂荣臻司令员亲手为他装棺入殓，忍不住失声痛哭。

12 月 1 日，在延安为白求恩举行追悼大会，毛泽东亲笔题写挽联。12 月 21 日，毛泽东彻夜未眠，写出《纪念白求恩》一文，号召全党向他学习。为纪念白求恩，晋察冀军区模范医院改名为白求恩国际和平医院，卫生学校改名为白求恩卫生学校。

1952 年，白求恩遗体和雕像被迁到河北省石家庄市华北军区烈士陵园。白求恩成为中国人民学习的典范。2009 年，白求恩入选“100 位为新中国成立作出突出贡献的英雄模范人物”。

八路军小百科

一代代中国人学习的榜样

白求恩大夫在中国抗战时期留下了感人事迹，他成了一代代中国人学习的榜样。

毛泽东在《纪念白求恩》一文中写道：“我和白求恩同志只见过一面。后来他给我来过许多信。可是因为忙，仅回过他一封信，还不知他收到没有。对于他的死，我是很悲痛的。现在大家纪念他，可见他的精神感人之深。我们大家要学习他毫无自私自利之心的精神。从这点出发，就可以变为大有利于人民的人。一个人能力有大小，但只要有这点精神，就是一个高尚的人，一个纯粹的人，一个有道德的人，一个脱离了低级趣味的人，一个有益于人民的人。”

华侨抗日女英雄

李　林

不到后方做官　坚持前线抗战

1973 年 9 月 13 日，周恩来总理说：那位从印尼回国参加抗日的华侨女学生，叫李林的，她不到后方做官，坚持前线抗战……她是我们中华民族的女英雄，要多宣传李林，好让青年学生广泛地学习她的英雄精神。

在山西朔州市平鲁区烈士陵园，矗立着一尊跃马提枪、飒爽英姿的女性人物塑像。她就是著名的华侨抗日女英雄李林。

李林，原名李秀若，福建尤溪县人，1915 年出生于贫苦农民家庭。幼年被侨眷领养，侨居印度尼西亚。1929 年随养母回到故乡定居。

后来，她以归国侨生的身份，考入了陈嘉庚先生创办的集美学校。随后在杭州期间，她经常到西湖旁的秋瑾墓瞻仰凭吊，并在小本上抄录了秋瑾《赠蒋鹿珊先生言志且为他日成功之鸿爪也》

李林 (1915—1940) 雕像

中的诗句："危局如斯敢惜身，愿将生命作牺牲……好将十万头颅血，一洗腥膻祖国尘。"

后来，她慕名转学到著名的上海爱国女中，积极参加学生抗日救亡运动，参加了中国共产党组织领导的"抗日救亡青年团"，并在国文课上挥笔写下了"甘愿征战血染衣，不平倭寇誓不休"的铮铮誓言。

1936 年，她北上求学。临行前，她决定改名字，并对好友高慧芳说："我这个'秀若'不符合我的个性，你看改个什么名字为好？"高慧芳想起两个月前她们一起看《列宁画集》时，她非常敬佩列宁，灵机一动，建议道："你敬佩列宁，就用列宁的中文译音，再结合你的姓，叫李林，怎么样？"于是，她用李林这个名字入读了北平民国大学政治经济系。

在校期间，她如饥似渴地阅读马列主义著作，积极参加各种抗日救亡活动。12 月 12 日，北平学联组织了一次大规模的示威游行。李林等担任学校游行队伍的旗手。面对警察的暴力阻拦，她告诉护旗的男同学：“如果我倒下了，你们要接过去，红旗绝不能倒！”

不久，李林光荣加入中国共产党，决心献身于抗日救国运动。1936 年年底，她响应中共北平市委的号召，奔赴太原，参加山西牺牲救国同盟会举办的军政训练班，接受军事训练。

军事训练结束后，李林坚决要求到前方杀敌。由于李林归国侨生的身份，组织上决定让她在后方工作。李林不同意，坚决要上前线抗战。赵仲池在《奔驰在长城内外的女英雄——李林同志牺牲二十周年纪念》中记述：“在她的坚决要求下，我

八路军小百科

南方姑娘学骑马

1936 年年底，李林响应党组织号召来到太原。参加山西牺牲救国同盟会，并立即投身于军政训练班学习和训练。在学习中，李林处处以身作则。如学习骑马，对于生长于南方的她来说难度很大。但李林不甘示弱，硬是不怕摔跤和伤痛，经过反复训练，即使面对最烈性的马，她也敢一跃而上，扬鞭奔驰，甚至能在奔跑的马背上左右开弓、双手射击。她勇于挑战自我的学习精神，让教官倍感惊奇和佩服。

第一二〇师骑兵部队在训练

们没有理由拒绝她了。”李林被派到大同，任牺牲救国同盟会大同中心区委宣传部部长。后来跟随晋绥边区工作委员会到晋北抗日前线，宣传抗日思想，组织工人、农民、学生参加抗日武装。10月，在偏关县创建了雁北抗日游击队第八支队，并担任支队长兼政治主任。

1938年春，李林改任整编后的八路军第一二〇师第六支队骑兵营教导员，率部驰骋雁北、绥南与日伪军作战，屡建战功。同年秋，李林调任牺牲救国同盟会晋绥边工作委员会暨中共晋绥边委宣传委员、组织委员，兼管武装，主持干部训练班，创办《战斗生活报》，同年年底与志同道合的屈健同志结婚。

1939 年 3 月，李林受邀参加在陕西宜川秋林镇召开的晋绥军政民高级干部会议，会议期间同国民党顽固派进行了针锋相对的斗争，以铁的事实和亲身经历，讲述了八路军和山西新军深入敌后、出生入死、打击侵略者的英勇壮举。

1940 年 2 月 1 日，李林出席晋西北人民代表大会（又称晋西北军政民代表大会），当选新成立的晋西北行政公署委员，并受到贺龙接见。贺龙对她盛赞不已，向在场的人们饱含深情地介绍道："这是我们的女英雄！一个女同志，归国华侨大学生，来自大城市，能带着骑兵部队与日军打仗，打出了威风，很不简单！值得大家学习。"

1940 年 4 月，日军集中上万兵力，对晋绥边区进行"扫荡"，"围剿"晋绥边区抗日根据地。26 日，晋绥边区特委、专署机关干部和群众等 500 余人在平鲁县东平太村被包围。为了掩护机关和群众突围，她不顾怀有三个月的身孕，率骑兵连勇猛冲杀，冒死吸引并阻滞敌人的火力，将日军、伪军引开，以掩护队伍突围，自己却被围困于小郭家窑村荫凉山顶。在腿部和胸部多处负伤后，仍英勇抗击。最后，只身一人弹尽援绝，举枪自尽，壮烈殉国。

李林殉国后，数千名抗日战士和驻地群众为她举行了隆重的追悼会。李林牺牲时的血衣几经辗转，送到了革命圣地延安。中共中央妇女运动委员会从延安发来唁电，对李林的革命生涯给予高度评价，称她"不仅是女共产党员的光辉模范，而且是全国同

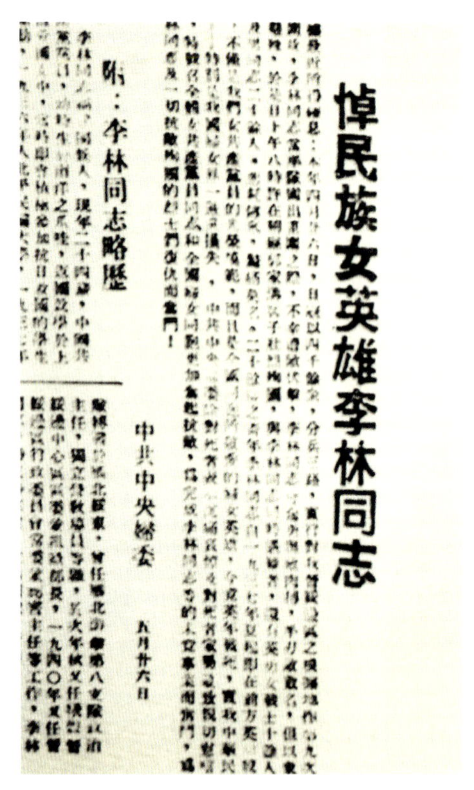

悼民族女英雄李林同志

中共中央婦委

五月廿六日

附：李林同志略歷

李林牺牲后，中共中央妇女运动委员会发表的悼词

胞所敬爱的女英雄”。中共晋西北区党委机关报《新西北报》发表社论，称赞李林是“中国民族英雄的最光荣典型”。2009 年，李林入选“100 位为新中国成立作出突出贡献的英雄模范人物”。

投笔从戎的清华学子

凌则之

谁说书生不能救国

他是一介书生，曾考入清华大学理学院物理学系，是不折不扣的“学霸”。他还是英勇善战的壮士，在百团大战中浴血奋战，成为“白刃格斗英雄”。他就是投笔从戎的清华学子凌则之，抗战牺牲时年仅 27 岁。

凌则之，原名凌家增，字季瑜，又名凌松如，1913 年生于四川省屏山县。1929 年秋，凌则之考入宜宾叙府联立中学。他勤奋好学，成绩优异，获得学校减免学费的奖励。1930 年秋，成绩优异的他持三哥凌松如的初中毕业文凭参加考试，成功考入成都联中，遂改名凌松如。毕业前，因反对军训教官被给予保留学籍、斥退离校的“处分”。1934 年夏天，他凭借一所私立中学的毕业文凭，考入了清华大学理学院物理学系。

进入清华大学后，他亲眼看见当时的北平，在蒋介石不抵抗

凌则之（1913—1940）

政策的纵容下，日本浪人、特务横行街头，日军坦克随意开进市内，把长安街压出一道道很深的车辙；还在西山一带进行实弹演习，炸毁民房，草菅人命，为所欲为。当时，偌大的华北已经安放不下一张平静的书桌，北平虽然名义上还算是中国的领土，但实际上已落入日本侵略者的手中。凌则之万分愤慨，思想也因此发生急剧的变化，毅然决定由原来学的物理学系改读社会学系，开始研究社会之变革。

1935 年 12 月初，日本浪人和汉奸带领五六百个流氓、地痞等无赖之徒，去中南海的国民政府军事委员会北平分会向时任军分会代理委员长何应钦“请愿”，一直闯进居仁堂。何应钦被迫同意撤销军事委员会北平分会，成立“冀察政务委员会”。

在民族危亡的时刻，一二·九运动爆发了。清华大学的学生在这次波澜壮阔的爱国救亡运动中表现得无比英勇，与当时的反动当局进行了坚决的斗争。其后，凌则之组织“民族解放先锋队”清华大队，并任大队部委员。1936 年 6 月，他加入中国共产党。

1936 年冬，日寇进攻绥远，山西成为抗日的前线。他遵照党的指示，率领一批平津青年到达山西太原，参加牺牲救国同盟会（简称“牺盟会”）工作。不久，进入军政训练班第十连学习，结业后被分配到军政训练班第七连任政治指导员。1937 年 5 月，牺盟会成立了抗敌救亡先锋队，凌则之担任宣传部部长，负责发

1935 年冬，北平爆发一二·九运动

1937 年冬，山西青年抗敌决死队一部在山西运城举行集会，开展抗日救亡工作

动和联系太原各大中学校青年学生和群众参加抗日工作。

七七事变发生后，北平、天津、南口等地相继失守，日本侵略军沿平绥路、同蒲路进逼山西。

1937 年 8 月 1 日，牺盟会组织成立了山西青年抗敌决死队（山西新军），凌则之任第一总队第三大队第十一中队（连）政治指导员，进入太岳山区开展工作。凌则之带领队员在沁县、沁源等地发动群众，发展武装，开展游击战争，并积极协助地方实行“减租减息”，协助地方组织农会、工会、抗日武装，协助地方改造旧政权，建立新型的统一战线政权，为创建太岳抗日根据地作出了显著贡献。

1938年年初，凌则之升任山西青年抗敌决死队第一纵队第三总队第三大队（营）教导员，转战在太谷、榆次、寿阳一带。他在战斗中表现得十分勇敢，工作积极热情，作风谦虚谨慎，与战士同甘苦、共患难，备受战士们的称赞。

山西青年抗敌决死队队员佩戴的臂章

1939年，阎锡山为配合国民党顽固派发动的反共高潮，发动了“十二月事变”。八路军为打退国民党的反共摩擦逆流，将山西青年抗敌决死队第一纵队第三总队与游击一团合编为第一纵队第二十五团，凌则之任政治委员。

山西青年抗敌决死队战士在书写宣传标语

八路军小百科

见证军民团结抗战的证章

这枚山西牺盟会会员证章，直径2.5厘米，铜质，圆形，土黄色底上绘有中国地图，其中东北用红色标识，其余为深绿色，上镌“牺牲救国”四字。

山西牺盟会是中国共产党抗日民族统一战线正确路线、政策的产物。它在成立抗日团体、组建山西新军部队、建设抗日民主政权、协同八路军开辟抗日根据地等方面作出巨大贡献。

山西牺盟会会员证章发行于抗战时期的山西各抗日根据地，是山西特殊抗战形式的历史见证，也是山西根据地军民团结抗战的一个历史缩影。该证章现陈列于八路军抗战史陈列馆第二展厅。

1940年夏秋，八路军总部为了克服投降倒退的危险，坚定全国军民抗敌取胜的决心，粉碎日寇的“囚笼”政策，在敌后方交通线上发动一次大破袭，发动了百团大战。8月20日，第二十五团奉命参加正太铁路破击战，担负攻克马首车站、破击铁路的任务。当晚，第二十五团第一营仅用半个小时就攻占了马首车站两侧碉堡，与敌形成对峙局面。21日，攻下车站，毙敌20余人。在攻击马首的同时，日军登木小队40余人夜袭第二十五团指挥所，凌则之亲自指挥担负警卫的第三营第八连与敌展开白刃战，他们在其他连队的配合下，将敌人全部歼灭。战后受到刘伯承、邓小平表扬，荣获总部授予的“白刃格斗英雄连”锦旗。

10月21日，日军闯进武乡县东部的蟠龙镇，直接威胁着八路军总部机关的安全，凌则之率领第二十五团，奉命坚守温庄阵地，第三十八团占据侯家垴阵地，由两面掩护驻扎在砖壁村的八路军总部机关转移。22日，进抵蟠龙之敌先头200余人，向南面山地进攻，遭第三十八团阻击。敌人又将兵力分为三路，在飞机掩护下向河不凌、温庄一线阵地强攻，政治委员凌则之指示全团将士为誓死保卫首长和领导机关的安全，奋力阻击进犯之敌。经过九个小时的激战，直至傍晚才完成了掩护总部安全转移的任务。在战斗中，凌则之始终挺身站在第一线阵地上亲自指挥作战，不幸在河不凌与温庄之间的北山上中弹壮烈牺牲。

百团大战攻坚先锋

谢家庆

身经百战的英雄团长

在那个战火纷飞的年代里，在抗战前线上活跃着这样一支队伍，他们破铁路、炸水塔、摸敌营，搅得日军胆战心惊，日夜不得安宁。在闻名中外的百团大战中，这支队伍在英雄团长的带领下率先向敌人发起进攻，英雄团长就是谢家庆。

谢家庆，1912 年出生于河南光山，1929 年加入中国共产主义青年团，后来参加中国工农红军，1932 年加入中国共产党。先后担任过班长、排长、营长、交通队队长、交通团团长等职。参加了长征。

到达陕北后，谢家庆进入中国人民抗日军政大学深造，全民族抗战爆发后他提前毕业，任第一二九师教导团教官。为了深入发动群众、壮大抗日力量，第一二九师派胥光义、孙继先、谢家庆等人，带领第一二九师教导团 30 多名干部秘密进入冀南平汉路以

谢家庆（1912—1940）

东地区，开展敌后工作。1939 年 7 月，他调任第三八六旅第十六团团长。

1940 年 8 月 8 日，八路军总部下达了战役行动命令，发动百团大战，规定全线进攻的时间统一为 8 月 20 日晚 8 时。第一二九师的八个团及总部炮兵团一个营，受命击破正太铁路的阳泉至榆次段，第十六团的任务是攻击芦家庄火车站。

谢家庆领命后，召集干部传达上级指示，分析敌情，研究打法。他对大家说："上级的决定是，坚决摧毁寿阳、榆次间铁路。因此，我们一定得打下芦家庄火车站！"据侦察员报告，车站内除了油库、兵站，在东北高地上有七个堡垒，四道铁丝网缠绕于堡垒和车站之间，守敌是原田大队吉冈中队 100 余人。经过研究，决定采取夜间偷袭。

第一二九师一部破袭正太铁路芦家庄至段廷的铁路

20 日晚 7 时，谢家庆带领第十六团兵分几路，神不知鬼不觉地包围了驻守芦家庄火车站的敌人。他们悄悄地通过了第一道铁丝网，敌人没有发觉；接着通过第二道、第三道铁丝网，敌人仍未发觉；当通过第四道铁丝网时，被敌人哨兵察觉。刹那间，枪声打破了夜间的沉寂，攻克芦家庄火车站的战斗打响了。

战斗不到半小时，七个堡垒全部被拿下。第三八六旅第十六团在百团大战中取得开门红，歼灭日军 80 余人，缴获枪 50 余支，不仅占领了芦家庄火车站，而且有效地阻止了阳泉、榆次、太谷的日军东援。

在转移途中，第十六团又参加了卷峪沟阻击战，在窑儿里的羊儿岭 1547 高地附近，与日军一个大队相遇。谢家庆指挥第十六团战士与日军反复争夺 1547 高地，并与日军展开白刃战。

9 月下旬，八路军开展百团大战第二阶段作战，第一二九师发起榆辽战役。陈赓指挥第三八六旅第七七二团、第十六团主攻榆社县城，但因日军工事坚固，未能攻克。谢家庆组织第十六团压制日军火力，指挥部队强攻，仍未奏效。他随即组织部队实行坑道爆破，成功爆破日军堡垒，日军使用毒气攻击八路军，谢家庆等干部、战士中毒。但他仍坚持指挥作战，终于攻克了榆社县城。守敌除 20 余人逃窜外，其余被全歼。战斗缴获各种炮 12 门、轻重机枪 17 挺、步枪 200 余支。

10 月 29 日，日军第三十六师团冈崎大队在行军途中，被八

八路军战士破击桥梁，破坏日军交通运输线

路军第三八五旅、第三八六旅和新十旅主力，以及决死队第一纵队的两个团包围于武乡以东关家垴、柳树垴一带。敌人在关家垴抢修工事，企图固守，以待援兵。为了在敌援兵到来之前歼灭敌人，八路军副总司令彭德怀决定发起关家垴战斗。

10 月 30 日下午 4 时，全线攻击开始。八路军猛烈的火力，摧毁了敌前沿防御工事。趁敌混乱之机，谢家庆立即命令："突击队向无名高地冲击，吹冲锋号！"突击队的勇士们如猛虎般扑向无名高地。敌人利用残存的工事，负隅顽抗，双方伤亡很大。下午 5 时 40 分，谢家庆率突击队再次发动攻击。迫击炮弹在敌人阵地上不断开花，手榴弹连续在敌人工事里爆炸。

谢家庆肩挎轻机枪，一边射击一边领头冲击。战士们看到团长身先士卒，勇气倍增，端着刺刀，跃出战壕，以排山倒海之势扑向敌人。谢家庆端着机枪，对着被炮火炸开的阵地缺口一阵猛扫，随即率先突破敌前沿阵地。

31 日下午 4 时左右，日军的援兵 1 500 多人赶来增援。为了更清楚地了解战场，谢家庆站在一块大石头旁，用望远镜观察敌情。突然，一发流弹飞来，击中谢家庆，谢家庆牺牲。

谢家庆是一名优秀的中国共产党党员。在土地革命战争时期，他身经百战，曾多次负伤。在抗日战争时期，他转战晋冀鲁豫根据地，到处留下他的战斗足迹。在组织领导游击队、发展正规兵团，以及他所参加的无数次大小战斗中，威名远扬，战功卓著。

《百团大战战役部署略图》

1974 年，位于山西省武乡县的八路军总部砖壁村旧址重修时，人们从旧址院内地下挖出打字机一台、军用地图 24 幅。在 1979 年冬，有关部门专程拜访了时任总部作战科科长的王政柱，他一见到《百团大战战役部署略图》便很熟悉地说：这是当年总部指挥百团大战时使用过的军用作战图。当时总部撤离时带不了那么多东西，又怕在转移途中发生意外，所以就埋在总部院里。这张珍贵的地图现陈列于八路军抗战史陈列馆第三展厅。

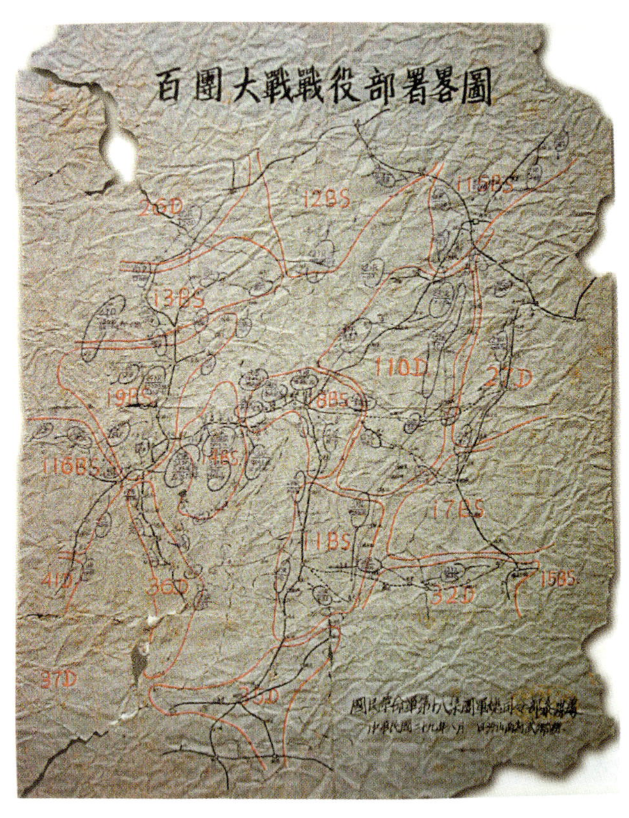

太行浩气传千古

左 权

楷模千古垂

从全民族抗战爆发担任八路军副参谋长出师华北抗日前线，到1942年5月太行抗日根据地反“扫荡”中不幸牺牲，左权为创建并巩固华北抗日根据地，发展壮大人民抗日武装，为八路军的全面建设建立了不朽的功勋。左权平凡而伟大的事迹流传很广，从太行山巅到漳河两岸，到处传颂着有关他的英雄事迹。

左权将军家住湖南醴陵县（今醴陵市），

他是中国共产党的优秀党员。

……

他为国家，他为民族流尽鲜血。

……

日本强盗五月“扫荡”咱路东，

左权将军麻田附近光荣牺牲。

左权（1905—1942）雕像

老乡们，

咱们辽县老百姓要给他报仇恨。

……

这是流传在太行山抗日根据地的一首民歌《左权将军》。每当人们哼唱起这支响彻太行人民心头的民歌时，不禁从内心深处怀念敬爱的左权副参谋长。

1942 年 2 月，日军对八路军总部所在地晋东南一带进行“扫荡”。左权副参谋长把警备连连长唐万成叫来，指着地图说：这次“扫荡”，敌人以 15 000 兵力，分三路来合击总部所在地。辽县、榆社由第一二九师主力顶着，从黎城袭来的这两三千敌人，全由你们警备连对付。首先要让老百姓转移出来，不能让老乡受半点损失。

唐万成满怀信心地说："参谋长，保证完成任务，让群众安全转移。"说罢赶忙往总政治部驻地下麻田跑去，沿路碰上从东垭地等附近村庄过来的群众，背着干粮袋，扛着铺盖行李，牵着牛，赶着羊向山岔里疏散，深感自己责任重大。

敌人先头部队已进入了下麻田，左权让总政治部罗瑞卿等同志先走，自己留下来指挥警备连阻击敌人。唐万成跑来催促他快走，他笑笑说："你们打得不错，我这就走，不要紧。"唐万成又问首长还有什么指示。左权四下望望，指指四周说："你们看见没有？山山岔岔里都是老乡啊！敌人不上来便罢，要是上来，你就化整为零，声东击西，开展麻雀战把敌人引开。宁叫敌人追击佯退的小部队，也不能让敌人把注意力集中在老乡们身上。"

下午时分，敌人挨了打之后，准备撤退，左权电话告诉唐连长说："敌退我追嘛！把他们送回老家去！"唐万成集中了全连五六挺机枪向敌扫射，敌人惊惶逃去。反"扫荡"胜利后，麻田一带乡亲们感激地说："要不是左参谋长让咱队伍顶住敌人，俺这一带老百姓可全完了！"

可是，敌人不甘心失败，猖狂反扑。到了四五月间，日寇出动重兵向太行山根据地腹心地带进袭。

5 月 24 日中午，总部接到敌人"围剿"八路军首脑机关的情报。左权和总部领导交换意见后，决定总部各单位向敌人较少的山西、河北交界处的山沟里转移。在转移途中，左权多次对总部警备连和第七六九团等作战部队领导同志说："这次华北敌酋拼上老本，妄想把我们消灭在太行山上，你们各单位指挥员一定要部队掩护机关和群众安全地突出敌人的合击圈。"末了，他把拳头一挥说："告诉同志们，太行山压顶也决不动摇！"

天亮时，阻击部队已进入阵地。抬头细看，从辽县县城到麻田镇几十里的山道、大路上卷起了阵阵黄尘，沿途村庄浓烟滚滚，疯狂的敌人烧杀着扑过来了。

面对强敌重围，两昼夜没合眼的左权，却显得异常冷静和沉着。他分析了一下敌情，命令两个参谋各带一部电台，分别带领政治部、供给部，各走一路迅速突围。

左权始终和担负掩护任务的部队一起战斗。他从一个山头走到另一个山头，他那洪亮的声音在山谷间回响："同志们，太行山压顶也决不动摇！"满山炮火，他丝毫不为所动。警备连唐万成气呼呼地跑来催他转移，话未出口，左权同志却先告诉他："你看，唐万成同志，那边山上尽是老乡，快派小部队去牵引一下敌人，让老百姓安全脱险！"唐万成立即回到阵地，派部队掩护上山的群众转移到安全地带。

敌人暂时停止进攻了。左权估计敌人又要新花招了。他用望远镜向山坡细看，又发现了新的敌情。他像雄狮般地跳起来大声喊道："敌人装成我军蹿上来了，快打，坚决压下去！"警备连一阵猛打，伪装成八路军的敌人又滚下去了。接着，敌人又兵分两路，一支从左侧偷袭，另一支精锐部队抄到我军背后，企图切断我军转移的道路。可是敌人的一切阴谋诡计早在左权的预料之中，他把总政治部的警卫连早早布置在山口前的一道圪梁上，这股敌人刚露头，就被打了回去。

敌人的这两招失败后，又以绝对优势的兵力，从正面疯狂进攻。枪炮声震耳欲聋，敌机的炸弹把山石崩得满天飞。在这样激烈的战斗中，左权带着大家一个劲儿往前冲，口里不住地高喊着：“太行山压顶也决不动摇，誓死保卫总部安全转移！坚决保护老百姓！”

经过一场激烈的战斗，总部数千名同志和乡亲们都安全脱险了。日寇残酷的“铁壁合围”被粉碎了。可是，左权却头部受重伤，倒在血泊中，他为祖国、为人民流尽了最后一滴血。

为了永远缅怀左权的不朽功绩，使他的光辉名字永留后世，太行山区人民将左权殉国之地辽县改名为左权县。后来，又将其迁葬于晋冀鲁豫烈士陵园，并在此建立了纪念堂。高大庄严的汉白玉碑上镌刻着朱德总司令的《悼左权同志》：

名将以身殉国家，
愿拼热血卫吾华。
太行浩气传千古，
留得清漳吐血花。

2009年，左权入选“100位为新中国成立作出突出贡献的英雄模范人物”。

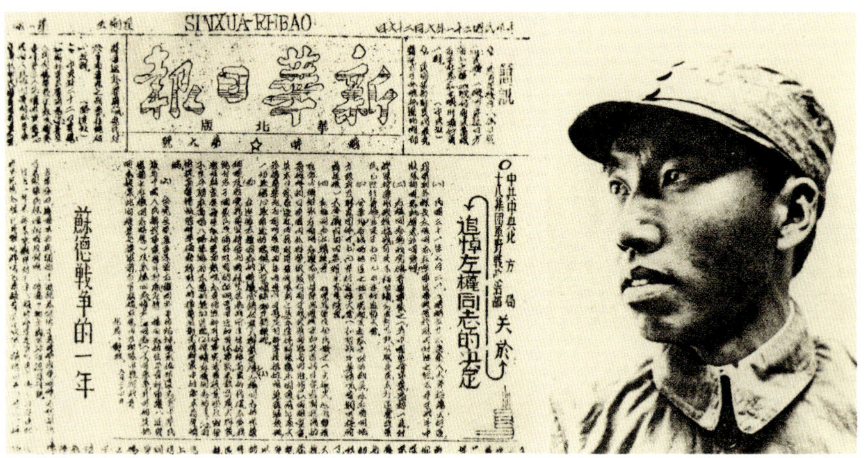

SINXUA-RFBAO

新華日報

華北版

中共中央北方局 十八集團軍野戰政治部 關於追悼左權同志的決定

蘇德戰爭的一年

《新华日报》刊发中共中央北方局、十八集团军野战政治部联合作出的《关于追悼左权同志的决定》

1942 年 10 月，八路军总部、第一二九师及太行区各界人士在涉县石门村左权墓前合影

八路军小百科

伉俪情深　泣泪悼念

1942 年，正在延安中央研究院的左权夫人刘志兰，初闻左权殉国的消息后泣不成声。她饱含热泪写下了一篇悼念左权的文章，情之切切，令人心痛。她写道：

虽几次传来你遇难的消息，但我不愿去相信。自然也怀着不安和悲痛的心情而焦虑着，切望着你仍然驰骋于太行山际。我曾写道：愿以廿年的生命换得你的生存；或许是重伤的归来，不管带着怎样残缺的肢体，我将尽全力看护你，以你的残缺为光荣。这虔诚的期望终于成为绝望！……我不忍设想原来精神旺盛、身体健康的你，是怎样遍体弹伤地辗转于血泊中；也不敢想象你断绝最后的呼吸和思想时，想到未完的事业和亲爱的人时，是怎样痛切地感到对生之留恋。我痛悔不在你的身旁，分担你的痛苦，这是永远的恨事了。……

回族抗日英雄

马本斋

英雄母子 诠释好家风

抗日战争时期，在华北平原上，活跃着一支由回民兄弟组成的抗日部队——回民支队。这支部队被八路军冀中军区誉为“无攻不克，无坚不摧，打不垮，拖不烂的铁军”。马本斋就是这支英雄的回民支队的司令员。他的这种英勇品格和一腔热血，深受其母亲白文冠的影响。抗战岁月里，这对英雄母子用宝贵的生命换来了对家国的守护，也传承了中华民族的优良家风。

马本斋，1902 年出生于河北省献县一个贫苦的回族农民家庭。全家 13 口人，靠租种别人的几亩薄地维持生活。马本斋的母亲白文冠心地善良，常给孩子们讲苏武牧羊、岳母刺字、木兰从军的故事。母亲的言传身教，对马本斋的幼小心灵产生了深刻影响。马本斋 10 岁时，母亲送他到本村私塾读书。后因家境日益艰难，只念了三年便中途退学。

马本斋（1902—1944）

后来，他曾到张家口、多伦一带谋生，又到东北闯荡，投身奉军，并进入东北讲武学堂深造。毕业后，到张宗昌部任排长，后又任连长、营长、团长等职。张宗昌死后，其部由刘珍年掌握，后被国民党收编。1935 年，马本斋因不满旧军队的种种陈规陋习，毅然辞官回乡。

1937 年 7 月 7 日，卢沟桥事变爆发，日本发动全面侵华战争。不久，日军的铁蹄踏进了马本斋的家乡，他的大哥被日军枪杀。同年 10 月，义愤填膺的马本斋组织本村青壮年 70 余名，组成了“回民抗日义勇队”，举起抗日大旗。1938 年年初，马本斋同共产党领导的“回民抗日救国会”取得了联系，率队参加八路军。他率领的这支革命武装被命名为“回民教导队”，马本斋任队长，

回民支队战士在练习刺杀

活动在河间、沙河桥一带。

马本斋在抗日战争中体会到了共产党的伟大和无私，他决心加入中国共产党。他在入党申请书中写道："我心甘情愿把我的一切献给伟大的中国共产党，献给为回族解放和整个中华民族的解放而奋斗的伟业。"1938 年，马本斋光荣地加入了中国共产党。

1939 年 6 月，回民教导队改编为八路军第三纵队回民支队，马本斋任司令员，参加过长征的老红军郭陆顺任政治委员。

1939 年年初，日军占领华北大部分地区。马本斋率领的回民支队仍然坚持在河间、青县、沧县一带进行抗日武装斗争。2 月，在沧县至河间的公路上伏击敌人汽车 19 辆。3 月，配合八路军第一二〇师消灭了土匪武装。1940 年 5 月，马本斋在衡水附近的康庄战斗中，运用伏击手段，在 40 分钟的战斗中，一举歼灭日伪军 80 余人。此战得到冀中军区的表扬，回民支队被授予“能征善战的回民支队”的锦旗，毛泽东亲笔题词“百战百胜的回民支队”。从此，回民支队在冀中平原被称为“无攻不克，无坚不摧，打不垮，拖不烂的铁军”。

敌人对其恨之入骨，采取各种手段企图消灭回民支队，逼迫马本斋投降。1941 年 8 月，敌人抓走了马本斋的母亲白文冠，企图逼降素有孝子之名的马本斋。同时，以马母为诱饵，诱使马本斋率部来救，以乘机消灭回民支队。日寇用种种手段，逼迫马母给马本斋写劝降信。但是，深明大义的马母宁死不屈，义正词严地拒绝敌人：“我是中国人，我儿子当八路军是我让他去的。劝降？那是妄想！”马母以绝食的方式进行抗争，于 9 月 7 日从容就义。得知母亲牺牲的消息，马本斋沉痛地写下誓言：“伟大母亲，虽死犹生，儿承母志，继续斗争！”

1942 年，冀中地区抗日环境急剧恶化。从春季开始，敌人频繁在回民支队活动的建国、交河、献县一带“清乡”“扫荡”，给回民支队造成很大的困难。马本斋在极端困难的情况下，率领队伍打伏击，袭据点，英勇奋战。5 月 1 日，日军集中 5 万步兵，对冀中根据地进行空前规模的“大扫荡”。为了减轻敌人对中心区的压力，回民支队奉命打泊镇，袭交河，转移敌人视线。而后戳破“铁壁合围”的口袋阵，跳出敌人的包围圈，胜利转移到冀鲁边区。

1942 年 9 月，回民支队奉命开赴鲁西北。部队到鲁西北后，马本斋被任命为冀鲁豫军区第三军分区司令员兼回民支队司令员。从此，回民支队作为第三军分区的主力部队，打据点，斗汉奸，担负起了保卫鲁西北抗日根据地的艰巨任务。

从 1937 年至 1944 年，马本斋率领回民支队，不畏牺牲，奋勇杀敌，进行了大小战斗 870 余次，歼灭敌人近 38 000 人，使敌人闻风丧胆。

1944 年 2 月，回民支队接到命令，开赴陕甘宁边区。但因长期处于艰苦的战争生活中，马本斋营养不良，积劳成疾，不能同部队一同前往。2 月 7 日，马本斋在山东省莘县不幸病逝。

毛泽东为他题挽词："马本斋同志不死！"朱德送挽词："壮志难移，汉回各族模范；大节不死，母子两代英雄！"周恩来送挽词："民族英雄，吾党战士！"

新中国成立后，为了表彰马本斋烈士的功勋，党中央决定将河北省献县东辛庄命名为"本斋回族自治乡"，将马本斋的遗骨迁葬于石家庄华北军区烈士陵园，供后人凭吊瞻仰。2009 年，马本斋入选"100 位为新中国成立作出突出贡献的英雄模范人物"。

八路军小百科

奇袭八公桥

1943 年 11 月，马本斋率回民支队参加了冀鲁豫军区组织的攻克伪第二方面军孙良诚总部所在地八公桥的战斗。战斗发起前，在研究作战计划的会议上，马本斋提出了一个大胆的意见，即用“牛刀子钻头”战术，集中优势兵力，突然袭击，首先挖掉敌总部八公桥，回过头来再扫清外围据点。马本斋的意见得到与会同志的赞同。杨得志司令员指出：“奇袭八公桥，是摆脱被动，力争主动，破其一点，牵动全局的一招好棋！”

此次战斗，毙伤敌数百名，俘伪第二方面军参谋长、特务团长以下官兵 1 600 余名，一举将孙良诚总部直属队全部歼灭，仅敌首孙良诚去开封开会漏网。战后，冀鲁豫军区党委书记黄敬赞扬马本斋是“后起的天才军事家”。

附录

八路军太行纪念馆简介

八路军太行纪念馆坐落于山西省长治市武乡县太行街363号。该纪念馆由邓小平同志亲笔题写馆名，1988年9月开馆，2008年起对外免费开放，是全国唯一一座全面反映八路军抗战历史的大型革命纪念馆，是国家级抗战纪念设施。八路军太行纪念馆总占地面积14.8万平方米，建筑面积1.6万平方米，展陈面积1.2万平方米，主要由八路军抗战史陈列馆、八路军将领馆、太行国家安全教育馆、八路雄风碑林公园等景点组成，是一处集收藏、展示、研究、宣传、旅游观光为一体的综合性红色旅游经典景区。

八路军太行纪念馆开馆以来，年均接待观众100万人次。八路军太行纪念馆被授予“国家一级博物馆”“全国中小学爱国主义教育基地”“全国爱国主义教育示范基地”“全国红色旅游经典景区”“国家AAAA级旅游景区”“国家国防教育示范基地”“全国廉政教育基地”“全国中小学生研学实践教育基地”“全国文物系统先进集体”“全国关心下一代党史国史教育基地”“国家安全教育基地”

“全国妇女爱国主义教育基地”“中华优秀传统文化、革命文化、社会主义先进文化专题实践教学基地”“党史新中国史教育专题实践教学基地”等荣誉称号，全国300多家机关团体、企事业单位在此挂牌，设立爱国主义、党风廉政、精神文明等各类教育基地。

近年来，八路军太行纪念馆高举习近平新时代中国特色社会主义思想伟大旗帜，全面贯彻落实党中央关于加强革命文物保护利用、传承红色基因的方针政策，坚持正确政治方向，切实履行职责使命，自觉承担起举旗帜、聚民心、育新人、兴文化、展形象的使命任务，充分发挥了八路军抗战历史服务大局、资政育人和推动发展的独特作用，开创了爱国主义教育事业新局面。